365个艺术创意

[英]菲欧娜·伟特 / 著　郑勤砚　高婷婷 / 译

设 计 制 作：艾丽卡·哈里森
参与制作人员：斯黛拉·巴各特　凯特·拉文尔　非·菲格
安东妮亚·米勒　维琪·阿罗斯密斯　杰西卡·约翰逊
卡特里娜·费恩　茉莉·塞奇
实 物 拍 摄：豪沃德·欧门

光明日报出版社

图书在版编目（CIP）数据

365个艺术创意 /（英）伟特著；郑勤砚，高婷婷译
. -- 北京 : 光明日报出版社，2014.8（2018.2 重印）
ISBN 978-7-5112-6978-2

Ⅰ. ①3… Ⅱ. ①伟… ②郑… ③高… Ⅲ. ①手工艺品—制作—儿童读物 Ⅳ. ①J529-49

中国版本图书馆CIP数据核字（2014）第165343号

版权登记号：01-2014-4580

365个艺术创意
365GE YISHU CHUANGYI

著　　者：［英］菲欧娜·伟特　　译　　者：郑勤砚　高婷婷

策　　划：双螺旋童书馆
责任编辑：黄海龙　许　怡　　责任校对：傅泉泽
装帧设计：颂煜图文设计　　责任印制：曹　诤
特约编辑：唐　浒　戚帅帅　周小霞　　特约技术编辑：张雅琴　黄鲁西

出版发行：光明日报出版社
地　　址：北京市东城区珠市口东大街5号，100062
电　　话：010-67078248（咨询），63131930（邮购）
　　　　　010-63497501、63370061（团购）
传　　真：010-67078227，67078255
网　　址：http://book.gmw.cn
邮　　箱：gmcbs@gmw.cn
法律顾问：北京德恒律师事务所龚柳方律师

印　　刷：固安县京平诚乾印刷有限公司
装　　订：固安县京平诚乾印刷有限公司
本书如有破损、缺页、装订错误，请与本社联系调换

开　　本：889×1194　1/16
字　　数：25千字　　印　　张：8.125
版　　次：2014年9月第1版　　印　　次：2018年2月第6次印刷
书　　号：ISBN 978-7-5112-6978-2

定　　价：78.80元

序

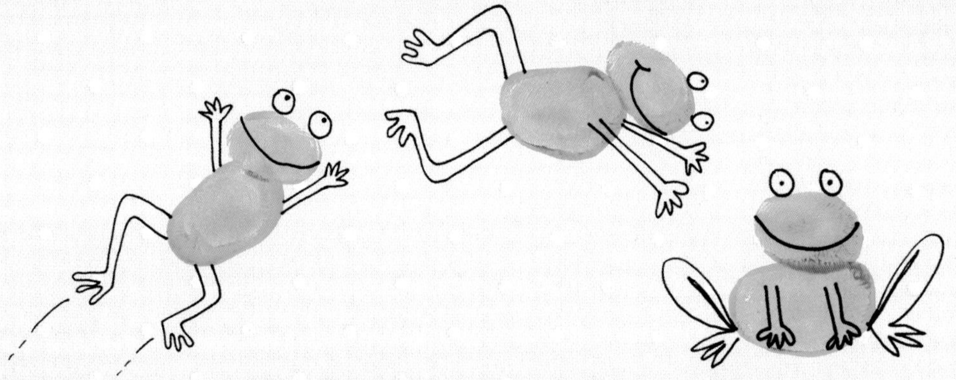

当我第一次翻阅这套书时，就被深深打动。我确信，不论是外国的孩子还是中国的孩子都一定会喜欢它。因为它带给我们太多思考和启发，去探索不同的艺术形态，可以展开多种创意思维，来思考如何将经典艺术有效又深入浅出地与儿童的世界相联系，并以此来激发他们的创意思考及动手能力。让我们在不同的视觉经验的体悟下，更深刻地来理解儿童的艺术教育。

我们都知道，艺术的想象吸引力是一种非常微妙的历程。我们在欣赏艺术家的睿智时，如果心地单纯，便会认为艺术就在这种睿智之中。我们远眺四周，发现在世界上不同的国家、不同的时代，艺术作品大不相同。比如，古埃及人或亚述人雕刻有巨兽、狮身人面像和半狮半鹫怪兽；印度人铸有四臂甚至六臂女神的铜像；而中国人画风景时几乎省略了一切的细节而画出一朵云、一座山，也许一棵孤独的树。当然，希腊人有其艺术形式，欧洲北部的居尔特族又有其另一种形式。而当我们发现了非洲、美洲和亚洲之后，我们发现每一个新大陆各有一种新的艺术种类。总之，如果我们汇集了世界上的艺术，我们就不会以势利的眼光来认定某一种艺术是惟一的或最好的。我们必须观看艺术的所有种类，我们才能真正理解为什么艺术需要想象力。

这套书提供给我们这样一种可能，那就是如何将艺术的想象吸引力贯穿在儿童美术教学之中，如何将我们的生活经验与不同的艺术世界相联系，以审美感知为出发点，以情感为动力，在不断挖掘儿童创作潜能的同时，使他们内在心灵在美的节奏中和谐发展。这是名作欣赏活动给我们带来的启示。

更重要的是，我们乐在其中。我们运用可触摸的创造和天马行空的想象，描绘缤纷的世界、善变的情绪和丰富的心灵。艺术最重要的本质就是创造与想象，今天的儿童艺术教育，或者说我们惯常所接收到的艺术教育，却常常背离这样的目标。许多艺术教育并没有启动我们内心真正对美的感觉，对外在世界、对大自然、对色彩、对形的感觉，而把我们隔离在另外一个地方，教我们一些所谓很重要的知识。真正好的艺术教育应该带给孩子最平实、真实和朴素的美感，从内在唤醒。应该在经典与流行之间、传统与现代之间打开通道，让孩子们可以感受到艺术可以呼吸的美、可以感知的美、可以创造的美。正如赫伯特·里德所说：艺术教育引导我们的儿童，在潜移默化中和理性的美有了交感与和谐，而深烙在他们的心中。

今天我们翻译引进的这套丛书是一套极具教育性、艺术性、可动手操作性的艺术启蒙学教材，希望能够带给广大的教师、家长以启发。同时我相信，通过中国美术教育界同仁的不懈努力，我们一定会有更多原创性的、激发孩子们创造力和想象力萌生的相关书籍问世。

郑勤砚

2011年9月于北京中央美术学院

这是一本什么样的书？

这是一本超级有趣的书。每天一个新点子，让你好玩不停手。只要按照书上的方法，就能做出各种各样的东西哦。还等什么，快快动手吧！

用拇指印画的蜘蛛和小鸟——第72页

目　录

用旧勺子和旧叉子做的木头小人——第116页

22

海盗旗挂饰——第14页

237

风筝书签——第84页

59

小小豌豆怪——第27页

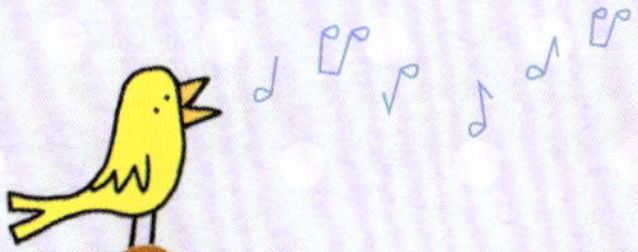

9

怪物酷蛋——第9页

244

用指尖画一只小鸟——第86页

236

可爱的小精灵——第82页

城堡！城堡

瞧这些城堡多神气，你也来画自己喜欢的城堡吧！
别急，先学画小城堡，再画大城堡。

1

小城堡

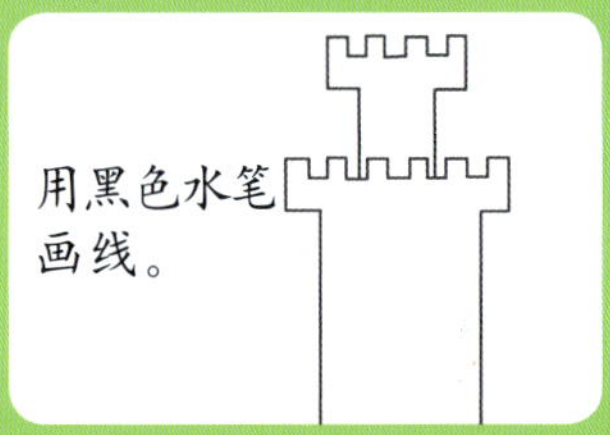

1. 先画一座大大的塔楼，在塔顶画一排缺口。然后，在缺口上再画个小一点的塔楼。

2. 添上箭头形的门和窗。门上加几道线，窗户用水笔涂色。完成！

2

骑士城堡

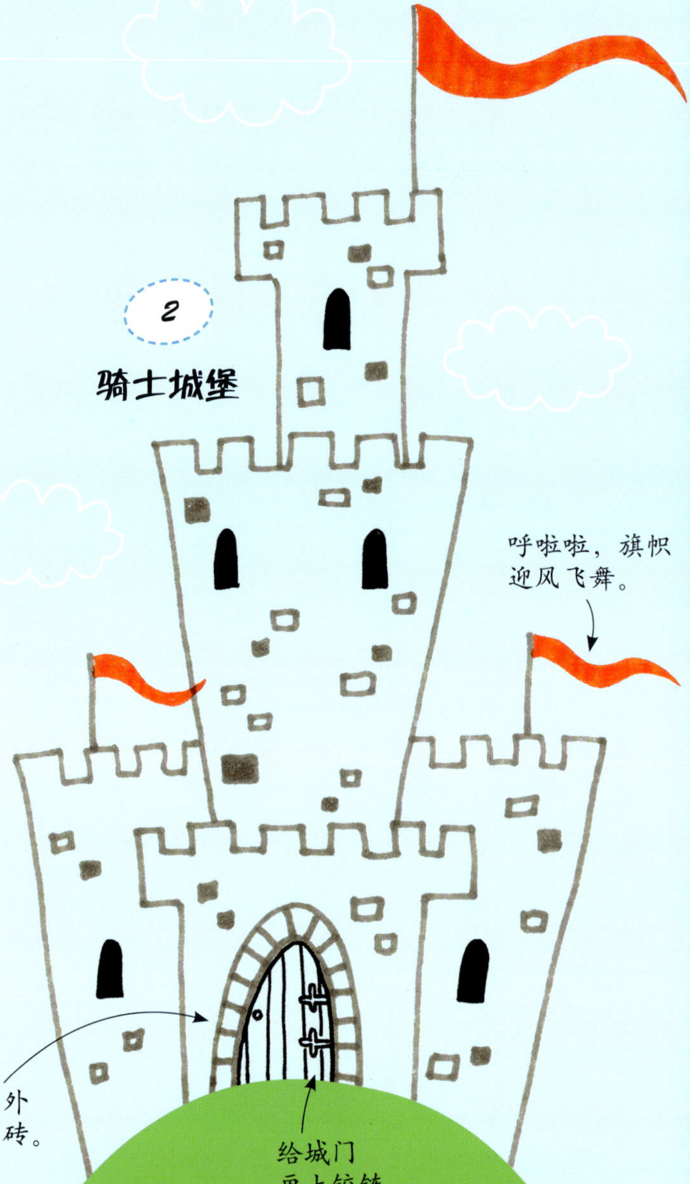

在小城堡下面的塔楼外画一圈城墙，再给顶部加个小塔。别忘记画砖块哦，越多越好。

3

公主城堡

画一条攻击城堡的恶龙！嗷呜——

"啾啾"，幽灵城堡可少不了蝙蝠。

4

幽灵城堡

1. 这次用银色彩笔画城堡。先画3座高高的塔楼，配上尖尖的塔顶，再画上许多窗户。

2. 用水笔给城堡涂上漂亮的颜色，画出花纹，然后在城墙上添点儿玫瑰花——太美了！

先画3座歪歪斜斜的塔楼，再画3个歪歪斜斜的塔顶。加上各种花纹和砖块，最后给城门画上铁栅栏——吼，像不像血盆大口？

彩蛋舞会

5 包裹蛋壳

1. 在杯沿轻轻磕一下鸡蛋，出现裂缝后，在杯口上方用拇指小心地将鸡蛋分成两半。

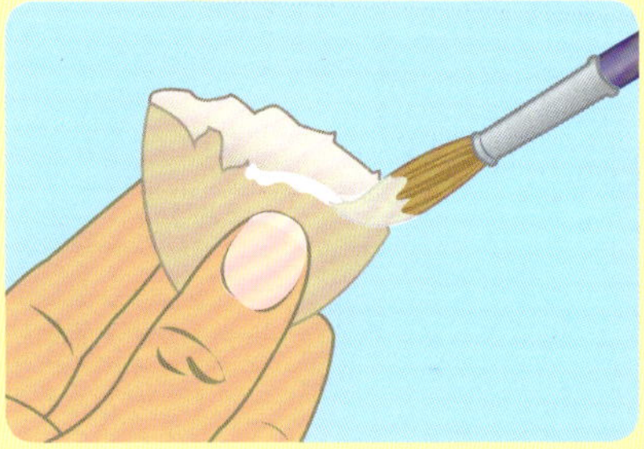

2. 用清水冲洗蛋壳，晾干，给其中一半蛋壳的边缘仔细涂上乳胶。

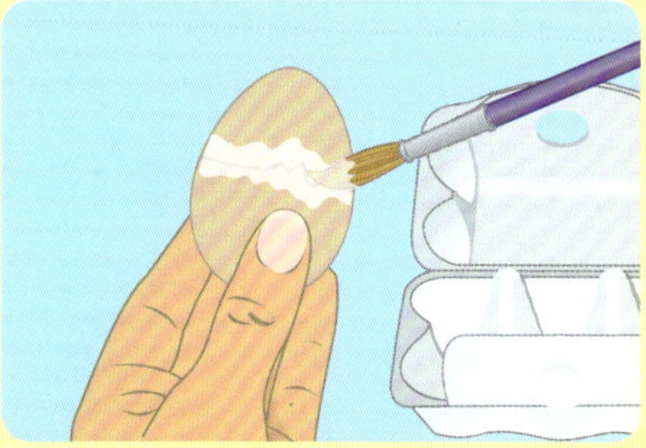

3. 把两半蛋壳小心对齐，合成一个完整的鸡蛋，在接缝处涂上乳胶，封严，放到蛋盒里晾干。

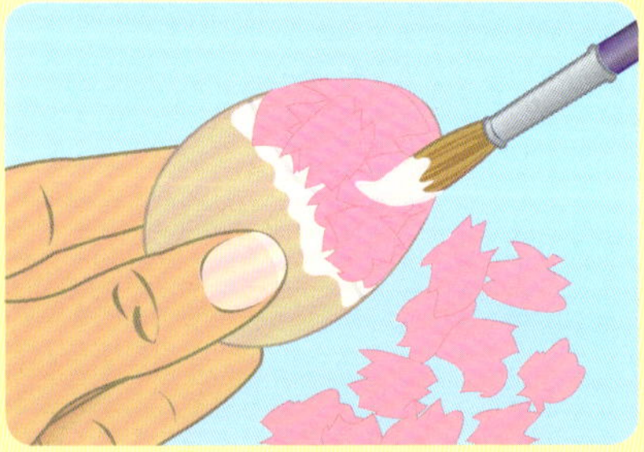

4. 把薄绵纸撕成碎条，然后给一半蛋壳涂满胶水，在蛋壳表面铺满碎纸条，在最外面再涂一层胶水。

5. 把另一半蛋壳也涂满胶水，用碎纸条铺满。在整个蛋壳外面涂一层胶水，晾干。

7 彩纸花衣

不用彩笔也可以——用彩色绵纸装饰也不错哦。

6 彩笔花衣

快给蛋壳画上各种漂亮的图案吧！记住，一定要先画一半，晾干后再画另一半哦。

8 不倒翁彩蛋

只要在其中一半蛋壳里放上黏土粘牢，再把另一半蛋壳粘回去，彩蛋就不会摔倒了。

9 怪物酷蛋

用薄纸板剪两只角，在底边折一下，粘在蛋壳顶上，然后再粘上眼睛和嘴巴。呜哇，怪物来啦！

像这样折一下。

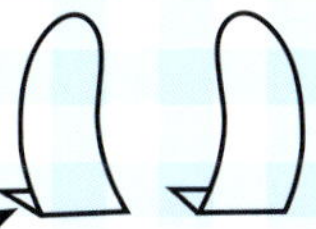

10 复活节小兔

用彩纸剪两只长耳朵，粘在蛋壳顶上。完成！

11 彩蛋宝宝

用小蛋壳就能做出可爱的彩蛋宝宝。

12 小鸡叽叽叽

只要用彩纸剪出翅膀和嘴巴，粘在蛋壳上，就能做出圆滚滚的小鸡。

怪脸多多，
欢乐多多，
快快动手吧！

蝴蝶花园

13 一只蝴蝶

1. 在漂亮的彩纸或布料上画出蝴蝶的翅膀，画好后剪下来，粘在纸板上。用同样的方法剪出身体，粘在翅膀中间。

2. 给翅膀剪出各种各样的图案，再加上可爱的纽扣或小亮片。别忘记画两根又弯又长的触须哦，还要给身体加上眼睛和条纹。

14 嘘，别动

做一只停在花心里的蝴蝶吧。只剪一个翅膀，然后粘上身体，最后画腿和触须。

15 大眼蜻蜓

长长的翅膀、弯弯的身体、椭圆形的头——再用小亮片做眼睛，太酷了！

16 小小瓢虫

把小珠子粘在翅膀和触须尖上，我爬我爬我爬爬爬。

17

小蜜蜂

用黄色材料剪出胖胖的椭圆形，再用亮纸剪出翅膀。画上条纹，加上腿和眼睛。

18

鲜花朵朵

剪出各式各样的花瓣，用纽扣或小珠子拼出花心，最后画花茎。

手指小人来啦

瞧，满满两页的手指小人！用手指印可以画出各种各样好玩儿的小人，快来试试吧。只要把颜料倒在盘子里，用中指轻轻蘸一下，再按到纸上就行啦。

19 小小火柴人

给指印加上眼睛、嘴巴和鼻子，再画上细细的小胳膊小腿儿……哦，太棒了！

20 小人也工作

这回，试试给指印小人穿上不同的衣服吧。你还可以加上帽子、眼镜、围巾……牛仔来喽！海盗来喽！

21 表情多多，发型多多

小人也爱美，快来为他们画出各种各样的表情和发型吧。

别看火柴人个子小，能做的事情多着呢。

真好玩，想怎么画就怎么画。

瞧，能画出这么多种表情和发型。

彩旗飘飘

22 海盗乐园旗

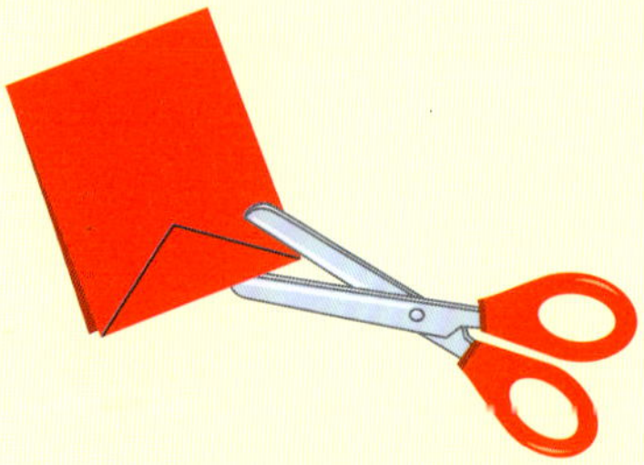

1. 用不同颜色的彩纸剪出细长的长方形纸片，短边对折做成小旗。用签字笔或水彩笔在旗子上画出条纹。

2. 让小旗折痕向上，在开口的一边用笔画出三角形缺口。捏紧小旗，剪掉缺口。

3. 用彩纸剪出各种图案，贴在小旗上。打开小旗，在中间折过的地方涂上胶水，然后并排粘在一条长长的线上——晾干以后，挂起来！

23 公主闪闪旗

用彩纸剪出菱形的纸片，对折做成可爱的三角形小旗。别忘记贴上漂亮的王冠和桃心哦。

24 鲜花朵朵旗

来做一片小花园吧！用折好的彩纸剪出花朵和树叶，然后用水彩笔画上图案。

25 体育能手旗

用长方形纸片剪出上衣，贴上条纹，再把小足球贴在长圆形的小旗上。

拇指印画

26 快乐的雪人

1. 把白颜料挤在一个旧盘子上，多挤一点。用拇指在颜料上蘸一蘸，然后按在一张深色的彩纸上，雪人的身体就做好啦。再用其他手指给雪人做一个头。

2. 等颜料晾干以后，给雪人画个鼻子。也可以用硬纸板的边儿蘸点颜料，给雪人印个胖胖的鼻子哦。别忘了给雪人画上眼睛和嘴巴。

3. 现在，给雪人加上一顶黑色的小帽子。然后画两条胳膊、两只小手和两只脚丫。哎呀，肚子上还光秃秃的，再画几粒纽扣。

27 雪人游乐园

画好多好多雪人吧！给这些小家伙们加上各种表情，让他们做不同的动作。

28 可爱的企鹅

1. 用拇指蘸满黑色的颜料，按在一张白纸上，做出企鹅胖胖的身体。用另一根手指做出企鹅的头，然后画两根尖尖的翅膀。

2. 等颜料晾干以后，用中指蘸满白颜料，在企鹅黑色的身体上按出白肚皮，再用同样的方法做出白色的脸。

3. 让颜料晾干，然后用红颜料画出企鹅尖尖的嘴和两只大脚丫，再用黑色水笔画出圆溜溜的小眼睛。

29 企鹅大游行

看，雪地里有这么多企鹅！

虫虫总动员

30 大蜘蛛

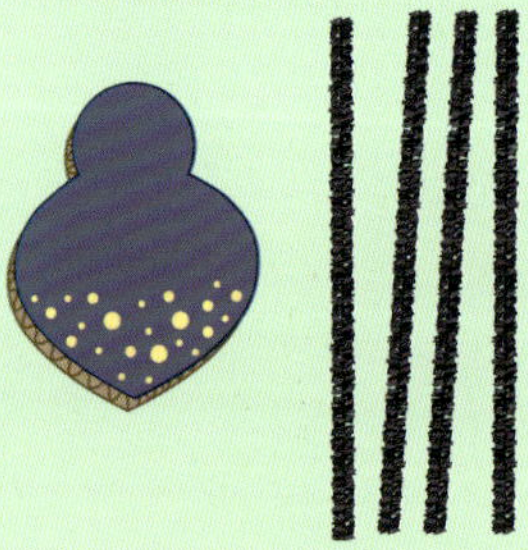

1. 在一块厚厚的瓦楞纸板上画出蜘蛛的身体，画好后剪下来，涂上颜色。一边等颜料晾干，一边用定形绒线剪出4条长长的腿。

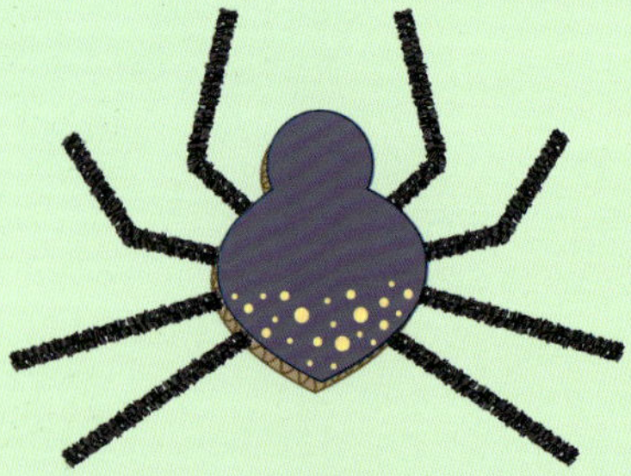

2. 先做靠近头部的腿。将一根定形绒线从纸板中间的缝隙小心地穿过去，再用同样的方法插好剩下的定形绒线，折成腿的形状。

3. 接下来做眼睛。剪一些碎纸片，用胶水粘成一个纸团。把纸团放在手心里揉成球，眼睛就做好啦。把眼睛粘在蜘蛛的头上，再用水笔画出眼珠。

31 多腿虫

哇，这么多条腿！只要把定形绒线剪短，再从纸板中间穿过去就行啦。

32 会飞的虫

用薄纸剪出翅膀，粘在虫子的背上。

33 条纹虫

在身上画出条纹。

用红色彩纸剪出漂亮的翅膀。

苍蝇有两对纸翅膀。

在定形绒线两端串小珠子。

35 奇形怪状

在纸板上画出3个椭圆形，就能做出下面这只怪虫子啦。

36 触须

把定形绒线从虫子的头顶穿过去，触须就做好啦。

34 扭扭虫

先把纸板折几下，做成锯齿形，再插上定形绒线。

彩色绵纸画

37 大蛋糕

1. 先做蛋糕的底层。用绵纸剪出一个长方形，粘在一张白纸的底部。然后再剪一些椭圆形，并排粘在长方形上面。

2. 剪一些不同大小的长方形，粘在白纸上。大的粘在下面，小的粘在上面，做成塔形。最后剪一小块圆形的纸片，粘在顶部做樱桃。

3. 晾干胶水，用黑色细水笔给蛋糕描边。每层都画一画，再加上各种好看的图案——桃心、波浪线、条纹、圆圈或者斑点，想怎么画就怎么画。

38 生日蛋糕

用绵纸剪出生日蜡烛，粘在蛋糕上。给每根蜡烛画上火苗。

39 金光闪闪

用金色彩笔画图案。哇，太漂亮了。

40 生日贺卡

用绵纸剪出各种图案，做一张生日贺卡吧。

41 蝴蝶飞飞

先剪4片翅膀，再剪一片身体，最后画上触须。

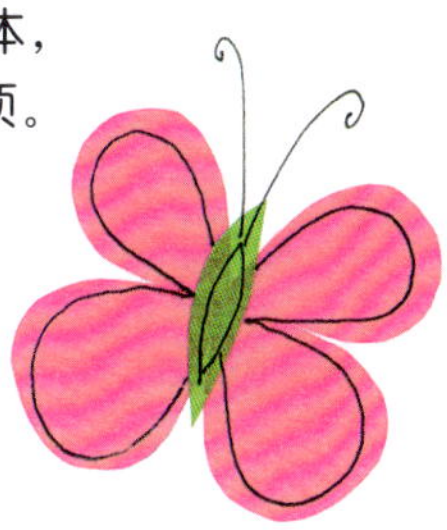

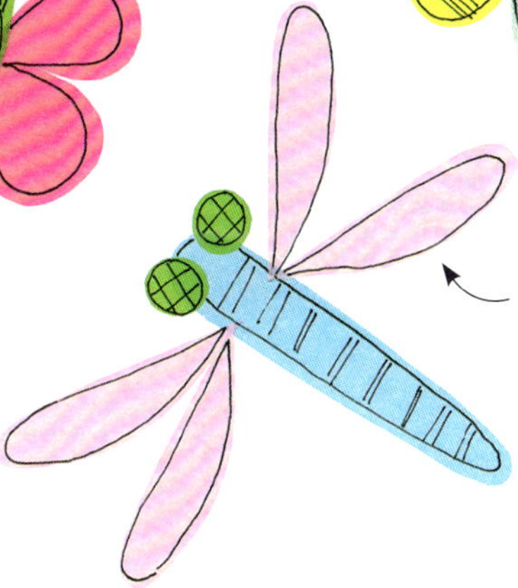

你也可以做一只小蜻蜓。

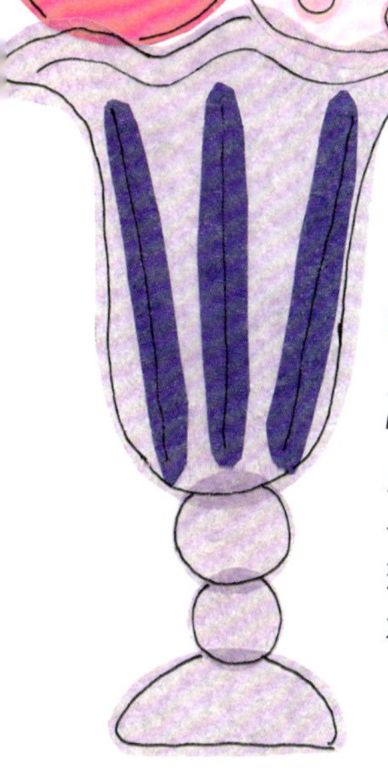

42 冰激凌

用绵纸剪出杯子和冰激凌球，再加上一块华夫饼。

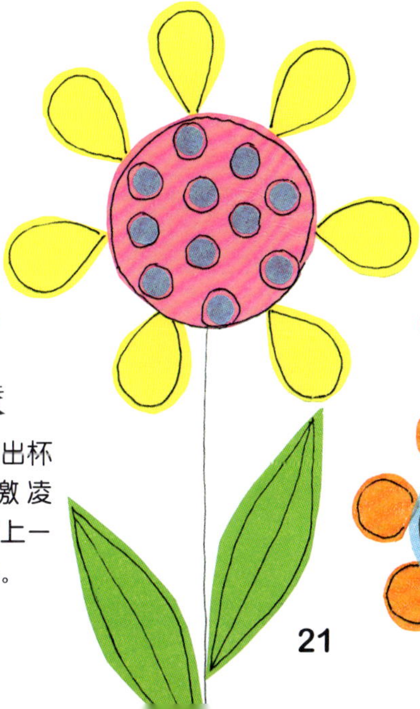

43 美丽的花

用绵纸剪出圆形做花心，在周围贴上花瓣。画出花茎，再贴上纸叶子。

吼！大恐龙

44 梁龙

1. 画一个大椭圆，这是恐龙的身体。在右上方画出头部，然后画长长的脖子和尾巴，最后画4条又短又粗的腿。

2. 用绿色铅笔画出恐龙的轮廓、眼睛和嘴。用很稀的颜料涂色，在背上画些斑点。

45 霸王龙

按照下一页的方法，画一只霸王龙吧。

46 三角龙

看，一只三角龙！画法也在下一页哦。

47 剑龙

来，画一只剑龙吧。

按照上面的样子，就能画出各种各样的恐龙啦。

画一些弯弯曲曲的蕨类植物。

梁龙背上的黄色斑点和深绿色图案，都是在水彩颜料没干的时候画上去的。

48 **无齿翼龙**

再画一只飞行的无齿翼龙吧。

我是海盗

49 圆形帽

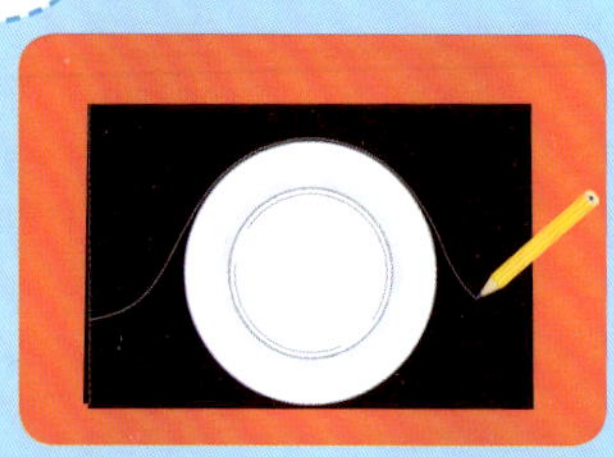

1．找一张大大的黑纸，对折，开口向下。把一个盘子倒扣在纸上，用铅笔沿着盘子画出帽子的形状。

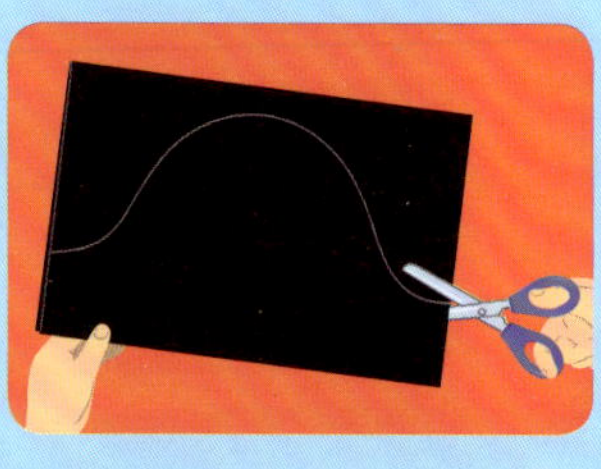

2．捏紧开口，沿弧线小心地剪下帽子。在另一张白纸上画出海盗的骷髅图案（见下图），画好后剪下来。

3．把骷髅图案粘在帽子的正面，然后用胶水沿着纸边把两片帽子边粘在一起。

瞧，这就是海盗的骷髅图案。

也可以直接用水彩笔画出海盗图案哦。

50 折叠帽

1. 找一张大大的黑纸，仔细对折、压平，开口向下。

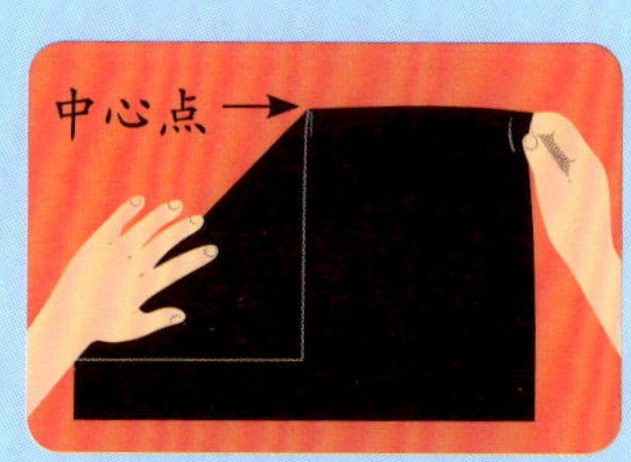

2. 从左向右轻轻对折，找出折痕的中心点。然后打开，把左上角沿中心点向下折。

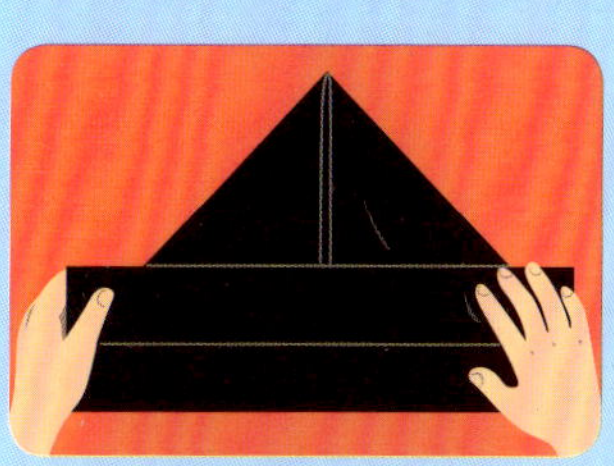

3. 折下右上角。然后，把底边第一张纸向上折，再翻到背面，用同样的方法把底边另一张纸折好。

51 羽毛帽

剪一张长长的纸条做羽毛，粘在帽子的一边。

也可以把海盗图案画在圆形纸片上，剪下来粘在帽子上。

蚕豆怪人

52 蚕豆怪人

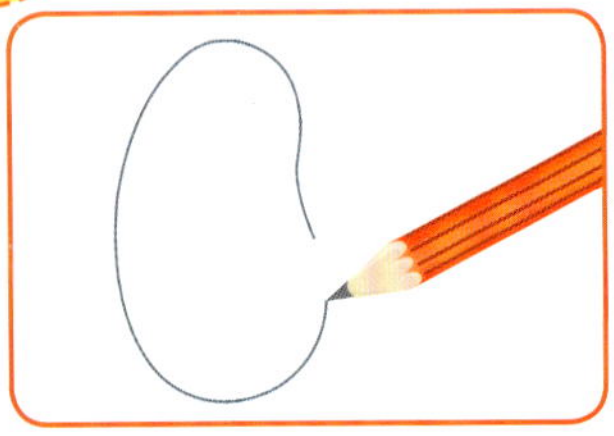

1. 用铅笔在纸上画出蚕豆的形状，这就是怪人的身体啦。

2. 画上眼睛、嘴巴和一个大鼻子。对了，头上还有两只角哦。画好后，用水彩笔涂上颜色。

53 长胳膊长腿

画一个有胳膊有腿的怪人。

54 怪人也爱美

给怪人穿上花衣服，斑点、条纹，什么图案都行！

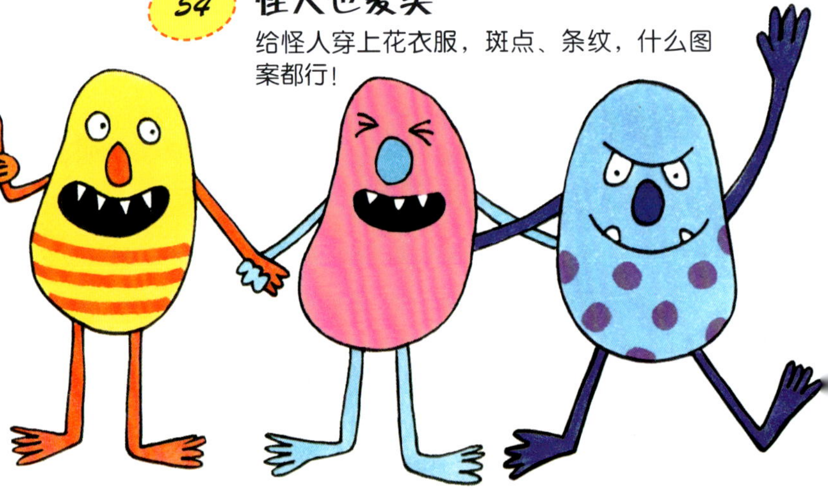

55 怪怪宠物

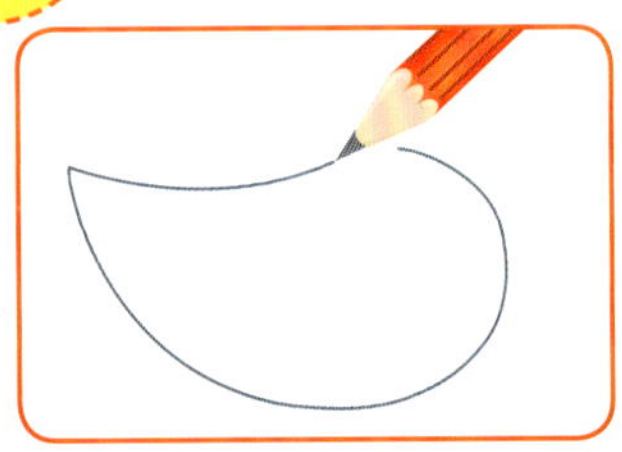

画一个躺着的蚕豆，一头尖，一头圆。画上鼻子、耳朵、尾巴和4条腿。汪汪汪！

57 一起散步去

画一个蚕豆怪人，再画一只怪怪狗，一起去散步吧。

56 怪猫咪和怪老鼠

先画一个躺着的蚕豆，再把它画成小猫或者老鼠。

豌豆怪人

这次用豌豆的形状，画出各种圆滚滚的豌豆怪人吧！

58 豌豆怪人

1．用水彩笔画一个圆，然后涂满颜色，这就是豌豆怪人的身体。

2．用黑色细水笔画出胳膊、腿、眼睛，还有一张长满大牙的嘴。

59 能长能短

豌豆怪人样子多，短短的胳膊，长长的腿，想怎么画就怎么画。

60 我是怪兽

给豌豆怪人加上犄角，在他身后再画一条怪怪的长尾巴。

61 怪眼睛

在怪人脸上画出大大的白色眼球，或者干脆把眼睛画到头顶上。

62 怪人大集合

现在随便画吧，画好多好多胳膊，画好多好多腿，再加上各种尖刺和犄角。

63 化装舞会

长头发的怪人，戴眼镜的怪人，你更喜欢哪个？

65

面具怪匪

给牛仔画上面具。哇，太酷了。

66

女牛仔

在背后多粘一段吸管，做出摇晃的腿，再给她穿上漂亮的长靴。

64

牛仔牛仔，摇摇摆摆

1. 在纸上画一个牛仔。先画他的脸，然后画上衣。接着画裤子和靴子，还有他的大帽子。最后，在空白的地方画出两只手。

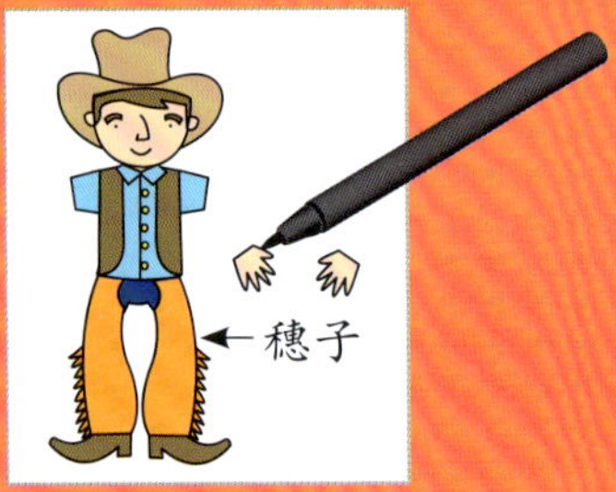

2. 用彩色铅笔给衣服涂上漂亮的颜色，还可以在裤子边画出三角形穗子。画好后，用黑色细水笔描边。

3. 把画好的牛仔和手分别剪下来，翻转放好。剪一段吸管，用透明胶带横粘在牛仔身上。

67

海盗

海盗手里抓着弯刀！

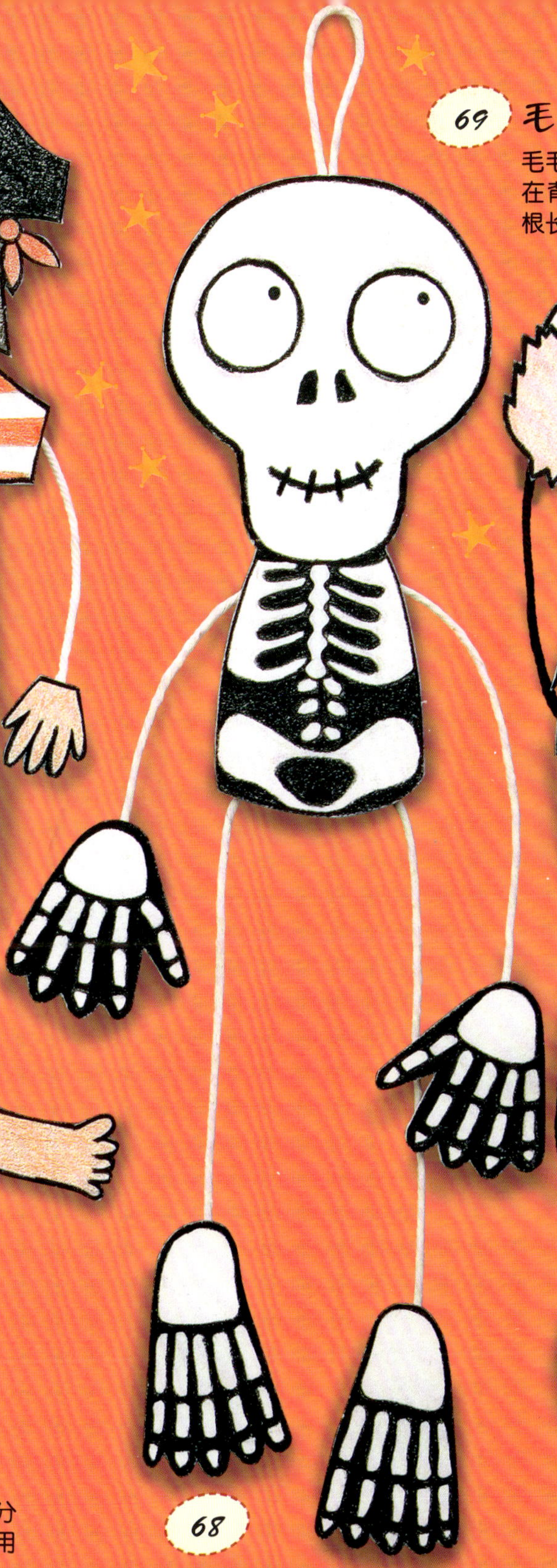

69

毛毛怪

毛毛怪有4只手，所以要在背后粘3段吸管，用3根长线做胳膊和腿。

4．把一根线穿过吸管，在两端分别粘上牛仔的手。然后在头部用线圈做一个挂钩，粘牢。

68

搞笑骷髅

照着书上的样子画出骷髅的身体、手和脚，再用长长的线做出胳膊和腿。

手印蝴蝶飞呀飞

瞧，满满两页的图都是用手印画的，看出来了吗？

71 翩翩飞舞

这只蝴蝶想停在花朵上。把两个手印稍微重叠，在下面印上身体就行啦。

70 手印蝴蝶

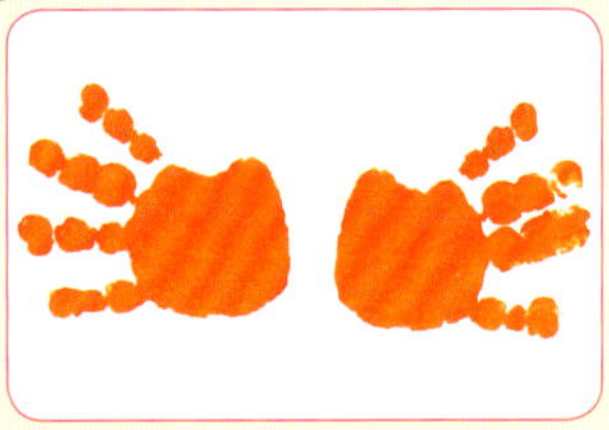

1. 先印翅膀。用双手蘸满颜料，一左一右地印在白纸上。注意，不要把拇指也印上去哦。

2. 把手洗干净。然后用食指蘸颜料，印出蝴蝶的身体，再用指尖印出头部。

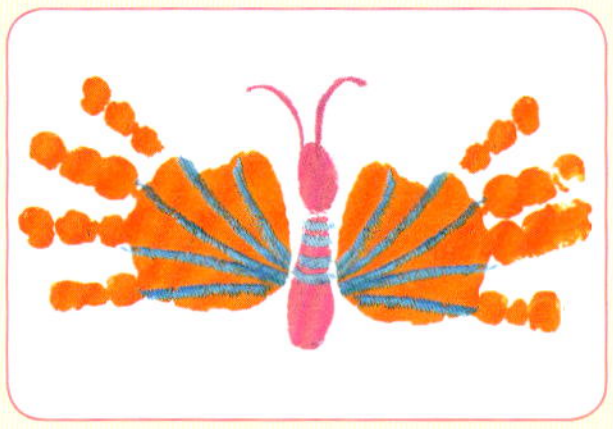

3. 颜料晾干以后，给蝴蝶加上触须。然后在蝴蝶的身体和翅膀上画出各种花纹。

72

一张大作

用手印画一大片鲜花，再加上许多蝴蝶。太美啦！

73

手印鲜花

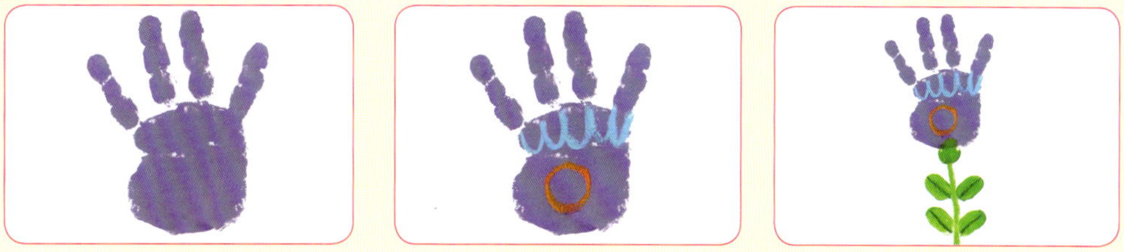

1. 用一只手蘸颜料，竖着印在纸上，做成花心和花瓣。注意，不要印上拇指哦。

2. 颜料晾干以后，用水笔或蜡笔画出波浪线和圆圈。

3. 画一根绿色的花茎，然后用手指印画出椭圆形的叶子。

74

甲虫爬爬

用手指印一个圆点，颜料晾干后画出头和腿，最后画上斑点。

田野风光

75 漂亮的田野

1. 先用铅笔画出大的形状，然后在左边画出绿色的山，其他地方涂成黄色。

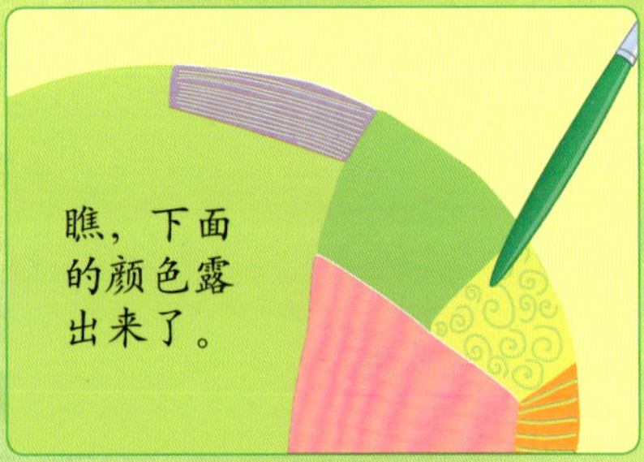

2. 颜料晾干后，用水彩在山坡的右边画几片田野。趁水彩还没变干，马上用笔杆尖在田野上划出各种条纹和图案。

3. 等颜料变干后，在山顶上画出各种漂亮的房子，再用水彩涂上颜色。

4. 趁颜料还没变干的时候，用笔杆尖给屋顶和窗户划出各种条纹。最后画上门和小窗。

76 鸭子池塘

画一个绿色的池塘，在周围加上芦苇。颜料晾干以后，在池塘中画几只小鸭子。

绿树也用笔杆
尖划出花纹。

77

卷毛小羊

用白颜料画身体，再划
出卷卷的羊毛。

78

胡萝卜田

在田里画满胡萝卜，用
笔杆尖划出花纹，再画
上胡萝卜叶。

炫酷立体卡

79 立体的鼻子

1. 把一张长方形白纸左右对折，在折痕中间的地方向内剪一条短短的弧线，做成鼻子。剪好后，小心地把纸鼻子向上折一下。

2. 打开白纸，把纸鼻子立起来，然后用手指轻轻向下按，一直把纸鼻子按到另一面。

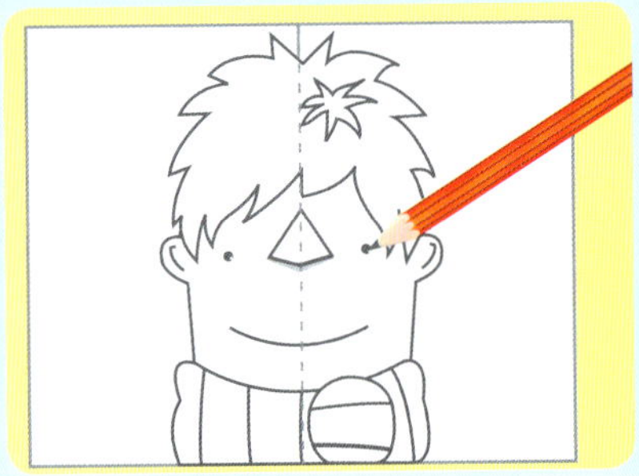

3. 现在把纸翻过来，比对着鼻子的位置画出一张脸，再画上头发和耳朵，然后在鼻子旁画出眼睛和嘴巴。最后再画一条大围巾。

4. 用水彩笔给小人涂上颜色，画好后剪下来。小心地沿着折痕重新对折，把鼻子夹在中间。注意，千万不要把鼻子折坏哦。

80 做成卡片

用硬彩纸给卡片做个背景，就可以在空白处写上要说的话了。粘好后对折硬彩纸。

81 魔法师的尖顶帽和长袍

在折好的白纸上剪一条短短的弧线，这是魔法师的帽子。然后在下面剪一条长长的弧线，这是魔法师的袍子。在正面画出魔法师的头、胳膊和脚，再让他拿根魔杖。最后在周围画上各种漂亮的旋涡。

82 发射升空

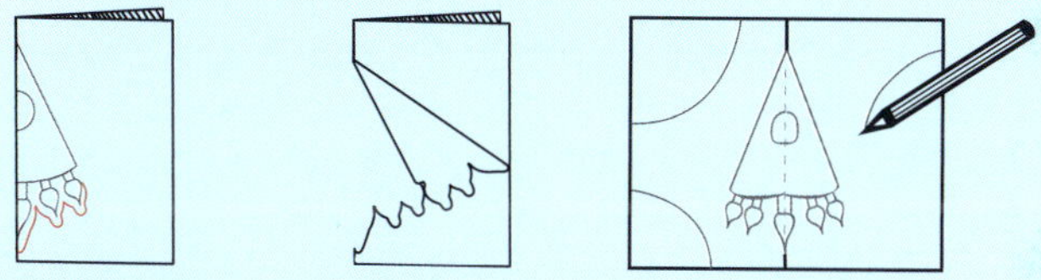

1. 沿着折痕画出半个火箭，加上火焰。
2. 沿火焰向内剪开，然后把火箭向上翻折。
3. 在火箭周围画上不同的星球和小星星。

83 鱼儿游啊游

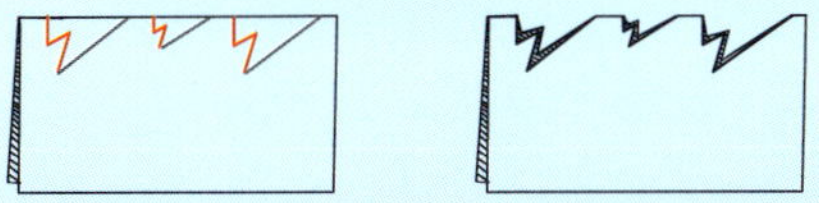

1. 在折痕上画3条锯齿线。注意，别画得太挤。
2. 剪开锯齿线，向上翻折，再将它们按到另一面。
3. 在卡片上画出海浪、珊瑚和鱼儿吐出的气泡。

五颜六色指印花

哇，好漂亮的花！你知道吗，这些五颜六色的花朵都是用手指印画出来的。先把颜料挤在盘子里，然后用中指蘸颜料，再按到纸上就行啦。

84 小圆点点花

画一根长长的花茎，然后用手指蘸粉色的颜料，画一个大大的圆球。等颜料变干后，用小指在圆球上画出红点点。

85 层层又叠叠

先画一根又细又长的花茎，再用中指沿着花茎加上重叠的花瓣。

86 小野花

用小指蘸颜料，画出星星点点的小花。

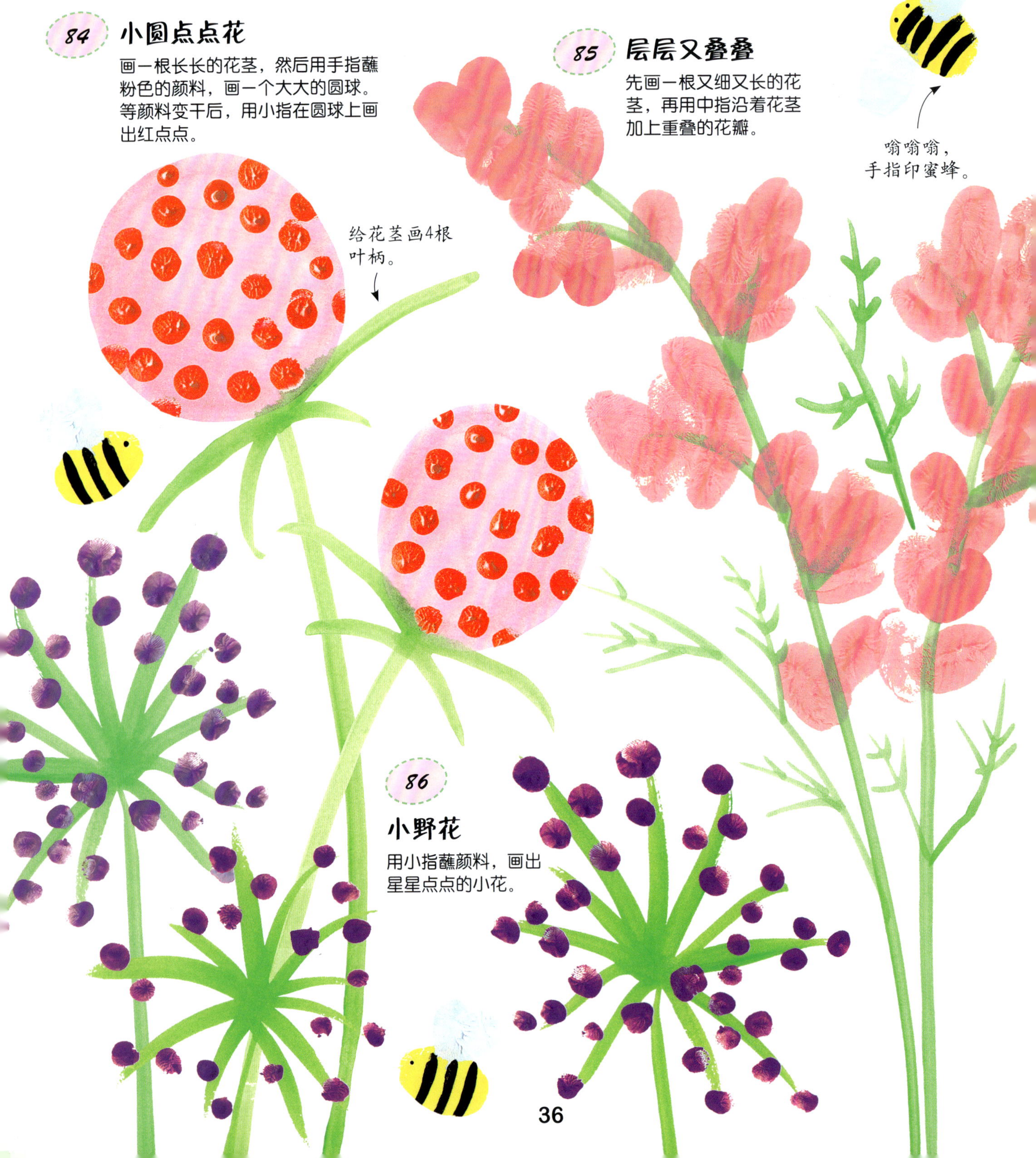

87

高高的花

画一根长长的花茎，一直画到最上面。再画出弯弯的叶片，用手指印上花朵。

88

我爬我爬我爬爬爬

沿着花茎画出弯弯曲曲的线，然后用中指和小指蘸颜料，画出五角星形状的花。

89

淡淡的小花

画出尖尖的花茎和小小的叶子，然后用小指点出淡蓝色小花。

化装舞会面具

90 基本形状

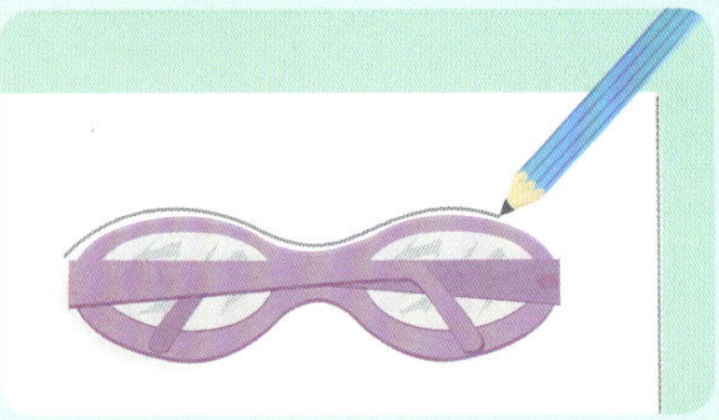

1. 把眼镜或墨镜正面朝下放在一张卡纸上，用铅笔沿着眼镜边小心地画出形状。

2. 先在里面画出眼睛的位置，然后在外面画出面具的形状。画好后，剪下来。

3. 用铅笔在眼睛的位置穿出一个洞，然后用剪刀仔细剪好。

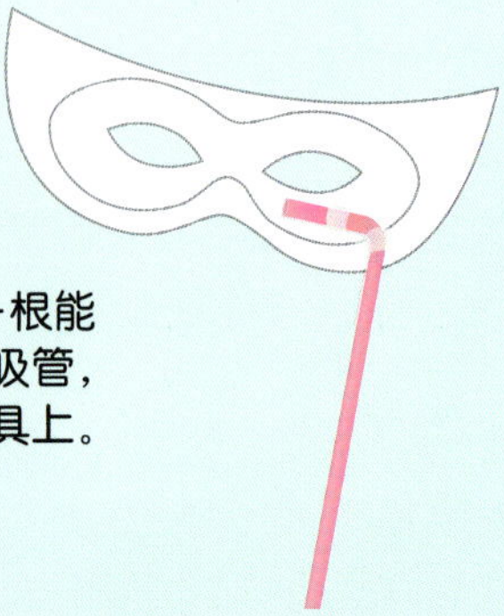

4. 找一根能弯折的吸管，粘在面具上。

91 小丑面具

用菱形彩纸和闪彩胶水做一个小丑面具吧。

92 炫彩面具

用闪彩胶水和闪光贴纸粘贴出图案。

93 立体面具

把礼品包装带卷一卷，粘在面具上，再贴上贴纸。

动物面具

准备一根长橡皮筋，或者一根长棉线，粘在做好的面具后面——快带上看看吧！

94 老虎面具

要把老虎的眼睛剪成菱形哦。

用橘黄色彩纸做面具，用黑色水彩笔画花纹。

95 猫咪面具

把亮闪闪的金色贴片和彩纸粘在猫咪面具的眼眶上。

96 蝴蝶面具

先剪出蝴蝶的翅膀，再剪出眼睛的位置，最后粘上卷卷的触须。

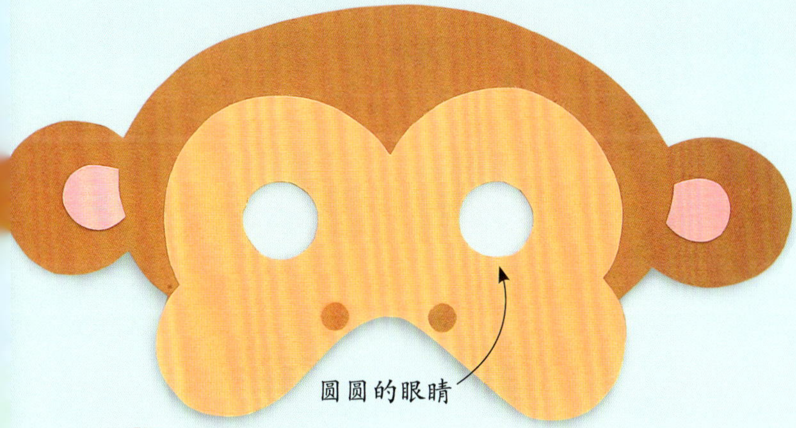

圆圆的眼睛

97 猴子面具

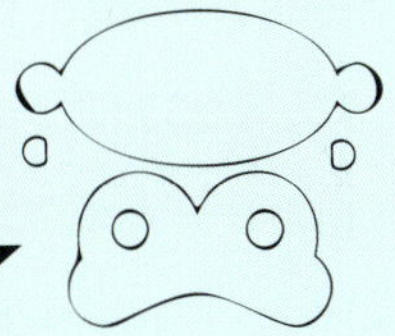

用棕色彩纸剪出猴子的头，用粉色彩纸剪出耳朵。

猴子面具和鸟面具的形状。

98 鸟面具

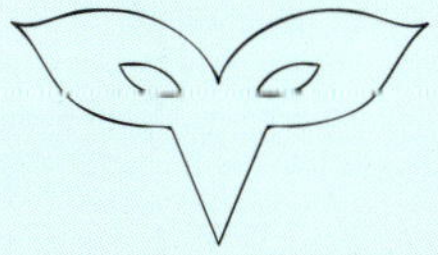

用彩色绵纸剪出羽毛，粘在面具周围。

五颜六色挂起来

99 串串绳和挂件

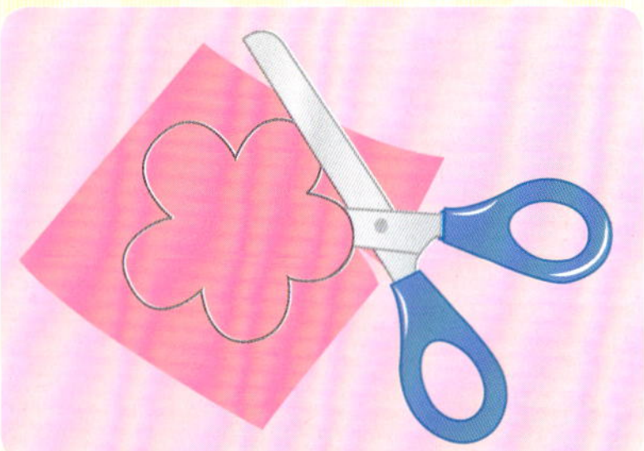

1. 用彩纸剪出各种各样的形状，然后在上面画出喜欢的图案。也可以用彩纸剪出各种图案粘在一起，做成立体挂件哦。

2. 先剪一根长长的棉线，然后把做好的挂件正面朝下放好。用胶带把棉线粘在每个挂件背后。串串绳做好啦！

100 虫虫乐园

在顶部做一朵花，下面是树叶和各种小虫子。

101 双色对对碰

只用两种颜色的彩纸，就能做出这么漂亮的挂件。

102 漂亮衣服

设计一串衣服和配饰，穿成一串展示。

103

城堡装备

用锡箔纸做出金色王冠和银色宝剑。保卫城堡，出发！

104

小小运动员

足球、网球、棒球……越多越好。父亲节礼物就是它啦！

105

太空探险

太空真奇妙，流星火箭跑，还有小行星，知道不知道？

想做出酷酷的火箭吗？看看第68页就知道啦。

树叶印画

106 树叶怎么印

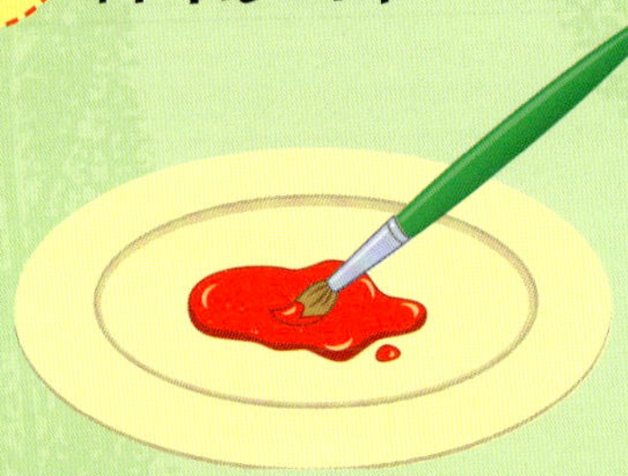

1. 把水彩颜料挤在盘子上，加点水，用水彩画笔调稀。

2. 把树叶放在旧报纸上，有叶脉的一面朝上。给树叶轻轻涂上一层薄薄的颜料，仔细涂满。

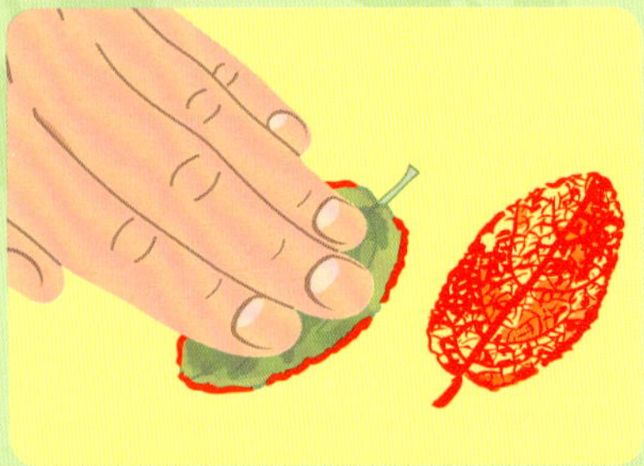

3. 把树叶面朝下按在纸上，印出漂亮的图案。然后再涂颜料，再印图案。全部印好以后，记得晾干。

107 鹦鹉

用各种形状的树叶印出不同的图案，印好后剪下来，粘出鹦鹉的翅膀。瞧，多绚丽的羽毛！

108 狮子

用棕色颜料印树叶，做成狮子的鬃毛。别忘记尾巴尖上也要印一片树叶哦。

109 **海龟**

用彩纸剪一个椭圆形做龟壳，然后用树叶印上各种漂亮的图案。

110 **刺猬**

剪一个椭圆形做刺猬的身体，再剪印好的树叶图案，从尾巴开始，一排一排向上粘。

111 **长颈鹿**

先把印好的图案剪下来，粘出鬃毛和尾巴，再用树叶印出身上的花斑。

112 **虫子**

用小树叶印出虫子的身体和翅膀，再用水彩笔加上眼睛和触须。

怪物吹画

113 双色混合怪物画

1．把蓝色和绿色两种颜料分别放在两个纸杯里，加水稀释。

2．先把绿色颜料滴在纸上，然后把蓝色颜料滴在绿色颜料的旁边。看，它们互相融合了。

3．拿一根吸管，向颜料使劲吹气——呼！颜料被吹开啦。继续吹，吹出怪物的身体。

4．用吸管蘸着颜料画出怪物的触角，再画出奇形怪状的胳膊和腿。颜料晾干以后，加上眼睛和嘴巴。

114 大嘴唇

先吹出怪物的身体，然后用吸管画出长长的嘴，加上厚嘴唇。

115 我会飞

给怪物画出翅膀，然后在翅膀尖画几条运动线，让它飞起来。

116

喜欢偷看的怪物

先画出眼圈，然后在同一个方向画出眼球。嘘——我在偷看你哦。

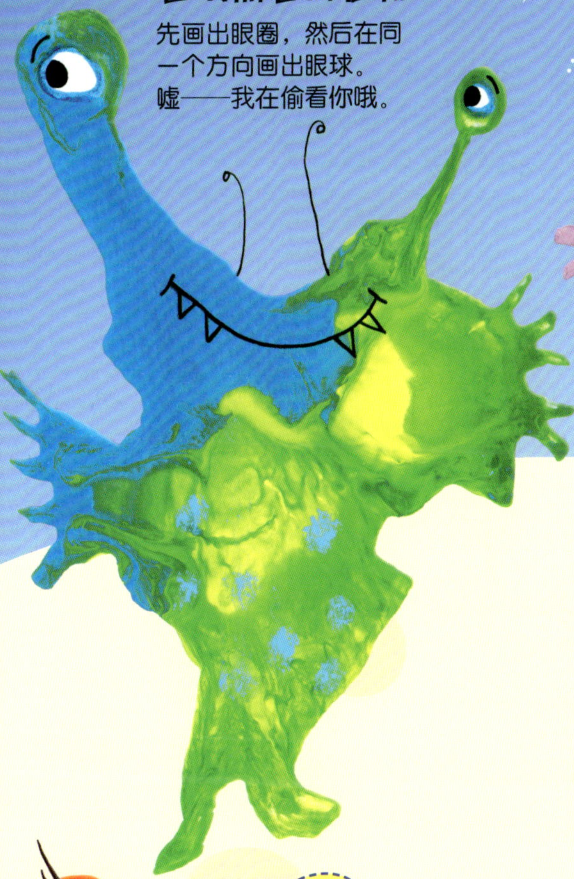

117

独眼怪和多眼怪

一只眼、两只眼、三只眼……想画几只都可以，再加上睫毛和眉毛。

118

火焰怪

用红色和黄色画一只厉害的火焰怪。

119

双头怪

双头怪不仅有两个头，还有很多很多腿哦。

汪！汪汪

121 斑点狗

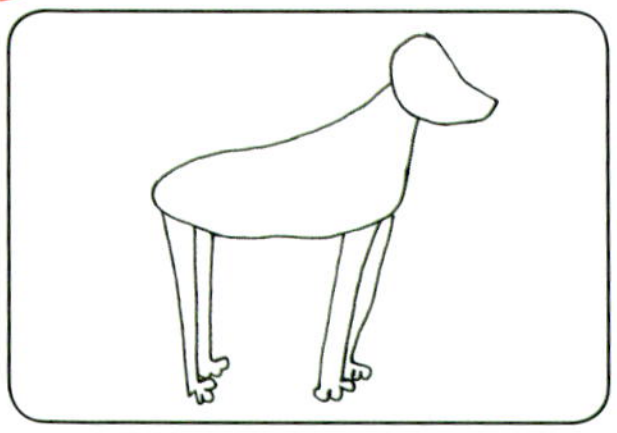

1. 用细水笔画出狗狗的头，然后画身体、4条长腿和4只小爪子。

2. 画出耳朵和尾巴，再加上鼻子和眼睛，涂黑。给狗狗从头到脚画满斑点。

120 卷毛狗

1. 用手指尖蘸一点黑色颜料，先点出狗狗的身体，再点出头、爪子和尾巴。

2. 用手指画出脖子，颜料晾干后用水彩笔加上长耳朵和长腿，再画出鼻子、尾巴和脚趾。

122 长毛狗

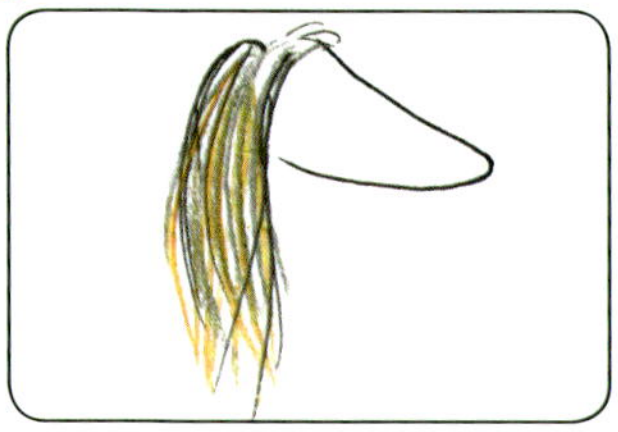

1. 画一个长长的尖鼻子，然后用不同颜色的铅笔画线，画出很多很多长毛。

2. 轻轻画出狗狗的身体和腿，然后继续画满长毛，最后画出尾巴。

123 腊肠狗

1. 把颜料挤在盘子上，剪一张长方形卡纸，蘸好颜料。

2. 用卡纸在画纸上抹出狗狗的身体，再用窄一点的卡纸抹出狗狗的脖子。

3. 把卡纸折一下，抹出狗狗的头，然后用卡纸边画出耳朵、尾巴和4条腿。

用这些不同的方法和材料可以画出这么多种狗呢。

4. 用白颜料画眼圈，用黑色水笔画脸和爪子，最后再画个项圈。

124 牛头狗

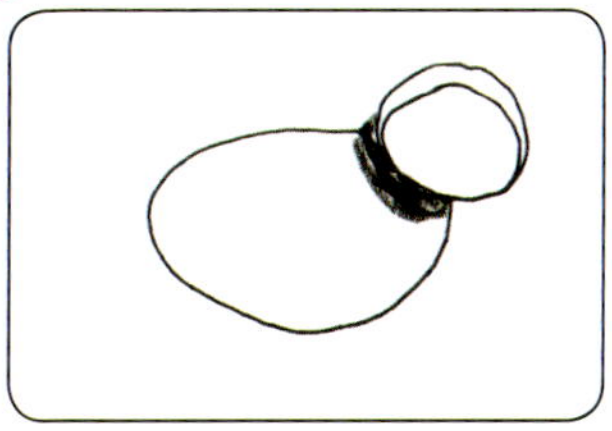

1. 先画狗狗的头和身体。在头上画一条弧线，再画上项圈。

2. 在弧线下画出鼻子和嘴巴，在头顶画耳朵。最后画小短腿和小尾巴。

海底世界

哇，这么多大鱼和小鱼，海底世界真是太漂亮啦！快快动手，画出心中的海底世界吧。

125 彩色绵纸的海洋

1. 用深浅不同的蓝色绵纸剪出弯弯曲曲的纸条，越多越好。在画纸上方涂好胶水。

2. 拿起一条绵纸，沿着画纸边按在胶水上，粘好。

3. 把绵纸一条接一条粘在画纸上，让它们相互重叠。边粘边涂胶水，直到将整张画纸粘满。

4. 用绵纸剪出大小不同的圆形，粘在绵纸上，做成气泡。

127 大紫鱼

先剪出身体和尾巴，再剪出鱼头和鱼鳍。用大小不同的圆纸片做眼睛。

126 小粉鱼

用绵纸剪出小鱼，用打孔器做出小鱼的眼睛。

128

小小鱼

小小鱼的身体是圆圆的，尾巴是三角形的，眼睛是用圆纸片做成的。

用不弯曲的绵纸条粘出天空。

129

小帆船

用绵纸剪一条小小的帆船，在海上航行吧。

130

海星

用彩色绵纸剪出海星，也可以剪一大一小两个海星，粘在一起。

毡布动物园

131 小老鼠

1. 在薄纸上画一只小老鼠，画好后剪下来。把一块毡布对折，用大头针固定在老鼠图样上。沿着图样，小心地剪开毡布。

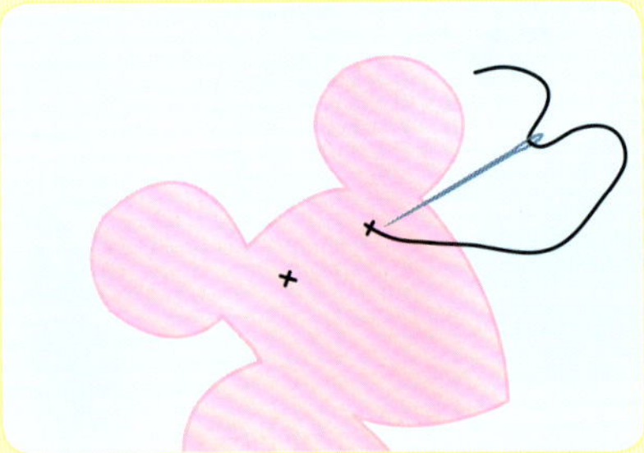

2. 先在一块毡布上缝眼睛。从毡布背后穿针，先缝一道斜线，再缝另一道斜线，缝成小叉子的形状。

3. 把两只眼睛缝好，在毡布背后系住线头。剪一条长线，粘在另一块毡布上，做成小老鼠的尾巴。

4. 把两片毡布对齐，沿布边仔细缝合。缝到还剩少一半的时候，从缺口往毡布中填入棉花。填完后，缝好缺口。

132 小鼻子，小胡子

缝一颗小珠子做鼻尖，再粘上几条线做胡子。

缝小珠子的方法在第64页。

133 长颈鹿

用不同颜色的毡布剪出鬃毛和尾巴，在缝合前粘在毡布中间。

飞针走线

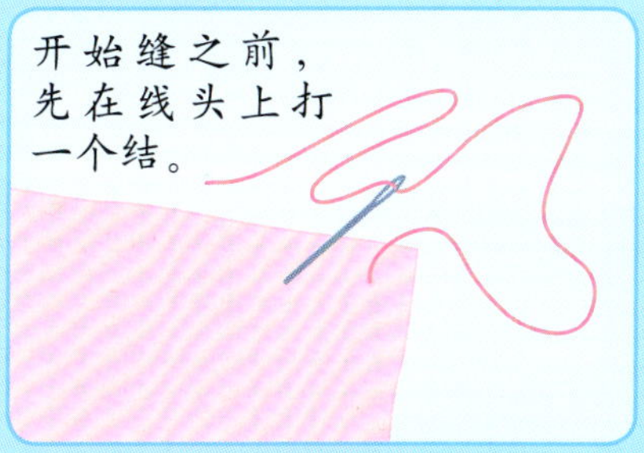

1. 把针从布的背面向上穿出来，把线也一起拉出来。然后向前隔开一点距离，把针从正面向下穿。

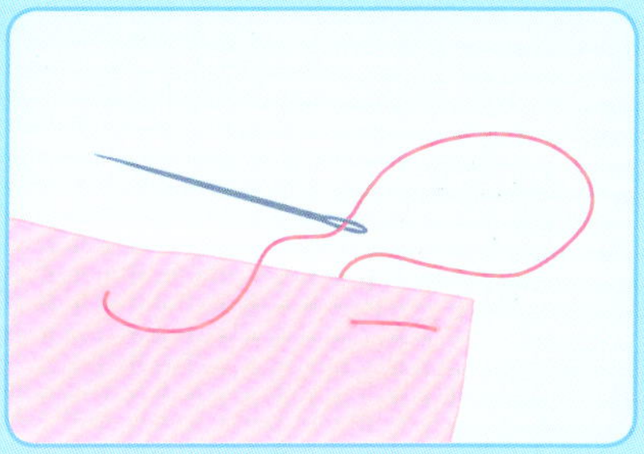

2. 把针从布的背面拉出来，再拉出线，轻轻拉紧。这样从正面看，就缝好了一道线。

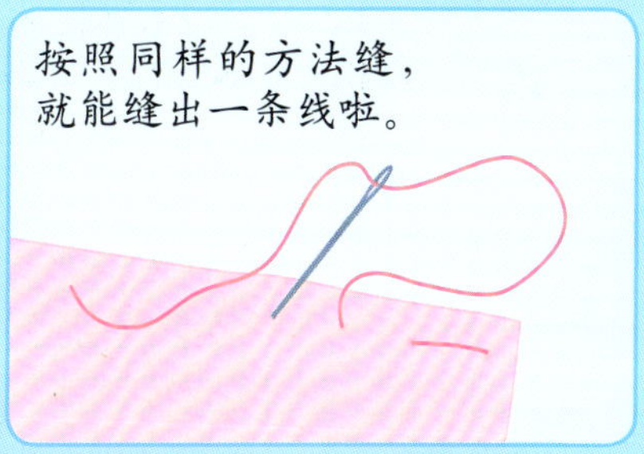

3. 再把针从布的背面穿过来，和第一道线稍微隔开。然后再向下穿，继续缝第二道线。

134 大象

用毡布剪出大象的图样。在缝合前，先缝出大象左耳朵的形状。

135 乌龟

瞧，毡布小龟的壳上还有图案呢。

136 狐狸

用白色的布做出小狐狸的肚皮和尾巴尖。

疯狂大堵车

哎呀，这么多车都堵在一起啦！你最想画哪一辆？或者根据自己的想象来画一些汽车吧！

137 马力十足

看！上面那辆红车有两个排气管，马力十足！

哇，加长豪华轿车，车窗暗暗的。

138 公共汽车

1. 用蓝色铅笔画出公共汽车的车身，留出车轮的缺口，然后再画上车门和车窗。

2. 画上车轮，涂成黑色。给车身加上条纹，画出货仓、车头灯和后视镜。

3. 在车窗里画出乘客的头，涂上颜色。最后用彩色铅笔给整辆车涂上颜色。

139 拖拉机和拖斗车

先画车头，然后在车身的位置画出拖斗。

140 小型摩托车

给小型摩托车画上骑手。

141 梦幻跑车

画一辆超级酷车，就像你在电影里看到的一样。

晶晶亮，冰冰凉

142 点点彩纸

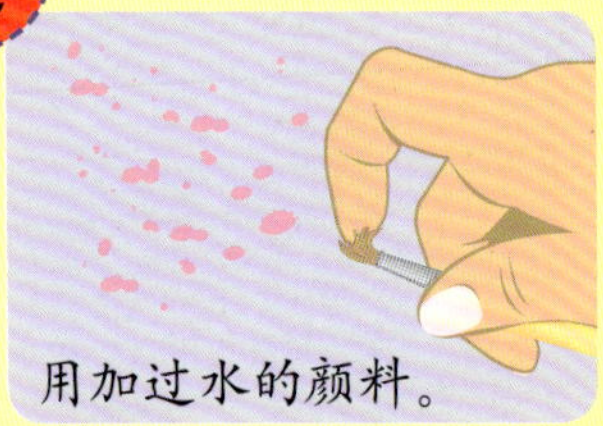

用细刷水彩笔蘸满颜料，举到纸上，再用手指向上捋刷头，刷刷刷！

143 笔帽圈圈

用笔帽的开口蘸颜料，就能在纸上点出同样大小的圆圈。

144 彩色泡泡

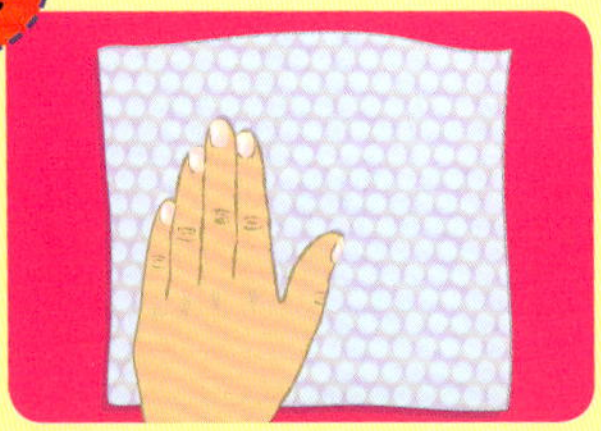

把一张塑料泡泡包装纸涂满颜色，正面朝下按在彩纸上。

145 十字条纹

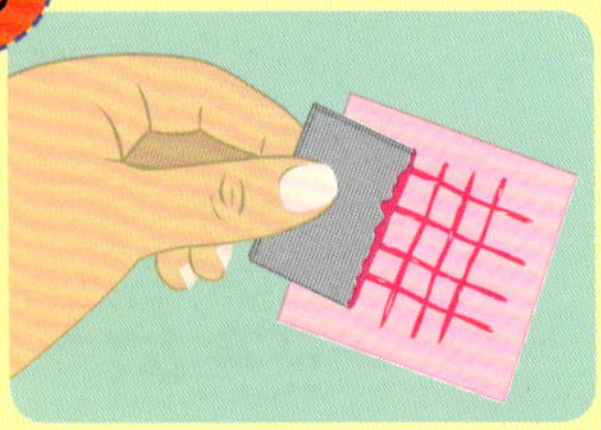

用卡纸边蘸满颜料，在彩纸上印出横竖交叉的条纹。

有这么多漂亮的彩纸，还等什么？快用它们做出美味可口的冰激凌吧！

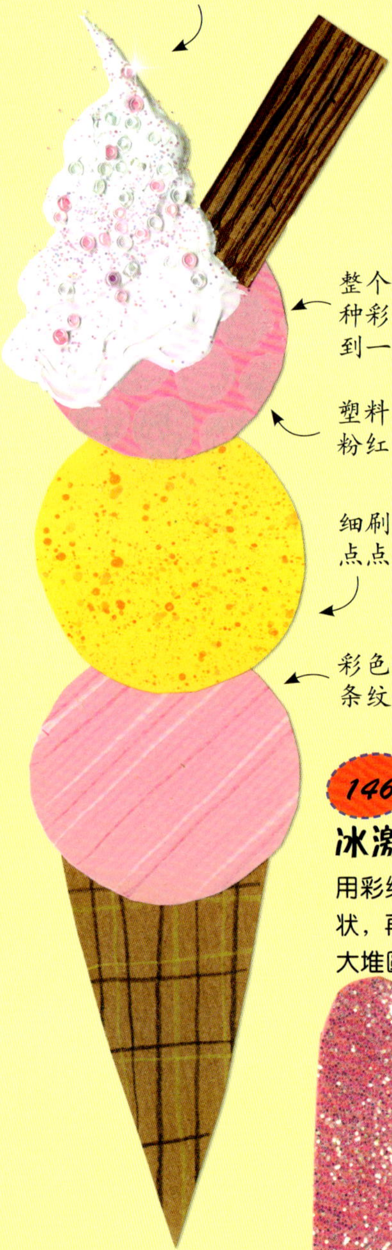

146 冰激凌饮料

用彩纸剪出杯子的形状，再用笔帽印出一大堆圆圈当泡沫。

147 圣代

用指尖蘸颜料，在杯子上印满圆圈。冰激凌圣代做好啦！

百变3D卡

148 守门员之战

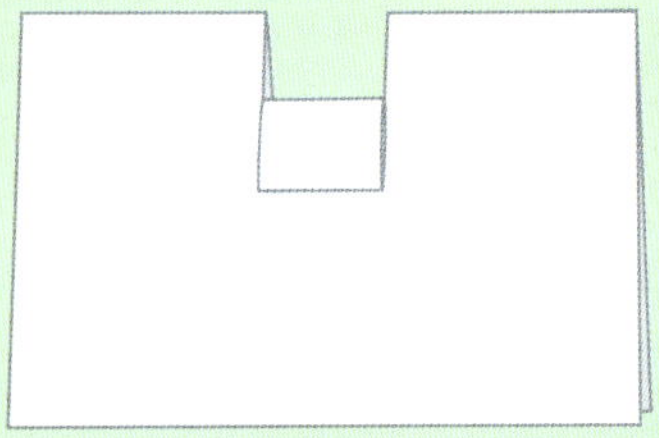

1. 用白色卡纸剪出一个长方形，对折。从折痕向内剪开一个“小长方形”，把“小长方形”向下折一下，再向上折一下。

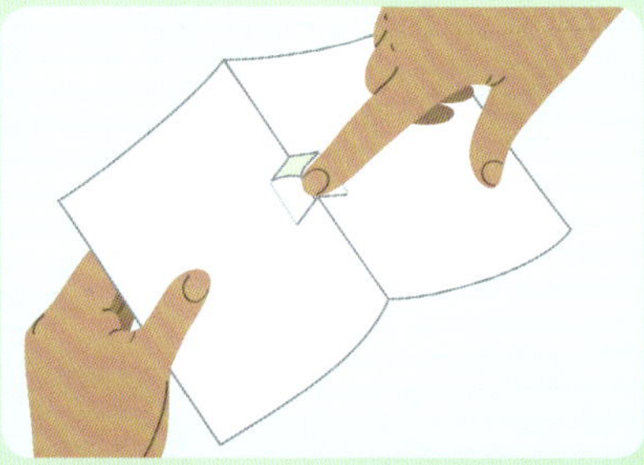

2. 展开卡纸，用手指把“小长方形”轻轻按到另一面，再重新折好，压平。

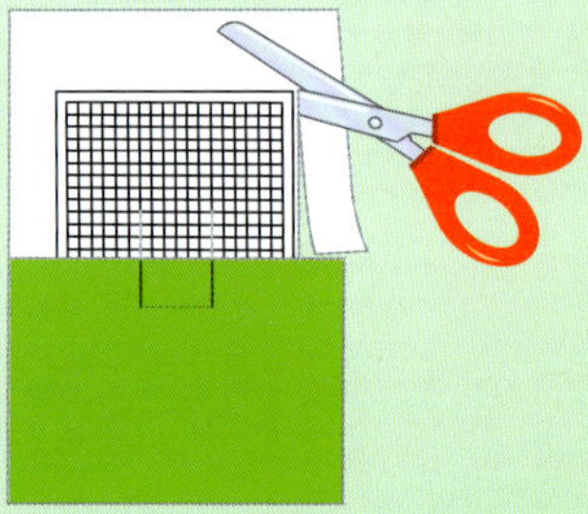

3. 展开卡纸，用黑色水笔在上半部画出球门和球网，然后把下半部涂成绿色。画好后，剪掉球门外多余的白纸。

做第三步时，你也可以在球网后面再画一群观众。看，他们正在欢呼！

4. 在另一张白色卡纸上画一个正在扑球的守门员，画好后剪下来。给守门员涂上漂亮的颜色，粘在卡片中间的“小长方形”上。

149 鱼鱼乐园

用五颜六色的蜡笔画出海底乐园，最后画一只大鱼粘在卡片上。

150 快艇冲浪

哇，快看，多帅气的快艇，你也画一艘吧！

沿着卡纸边缘剪出波浪线，再将它向上折叠。

152 仙女城堡

仙女城堡有两个塔楼，按照“恐怖城堡”第二步的方法剪出塔楼，再粘上屋顶。

151 恐怖城堡

1. 用白色卡纸剪出一个长方形，仔细对折。从折痕向内剪开一个“大长方形”，向下折一下，再向上折一下。这是城堡的第一层。

153 骑士城堡

骑士城堡一定要高高的，在最上面做出第三层塔楼吧！

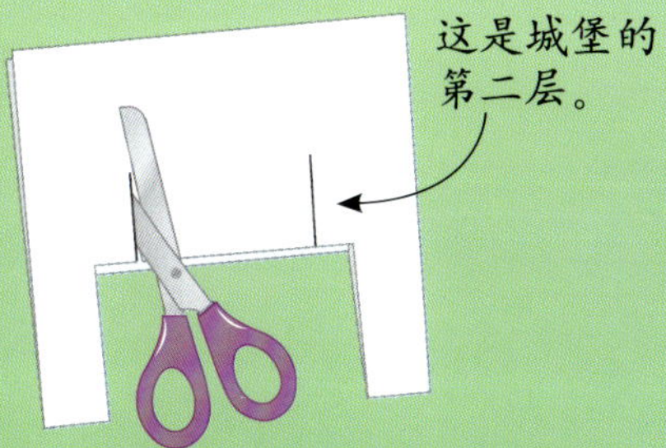

2. 按照上一页第二步的方法，展开卡纸，把“大长方形”按到另一面，重新折好。在卡纸上画两条线，把剪子的一边伸进开口，沿线剪开。

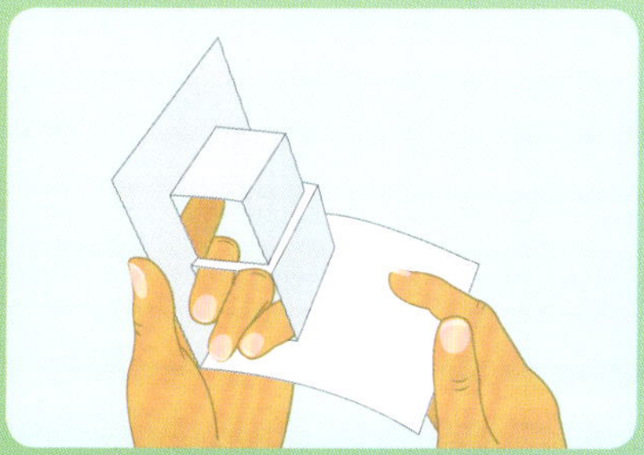

3. 把新剪出的“小长方形”向上折，压平。然后展开卡纸，把两层城堡小心地立起来。

4. 先把城堡压平，用水彩笔画出各种图案和背景。在另一张纸上画出屋顶，剪下来，粘在城堡顶上。

缤纷礼品签

哇，这么多漂亮的礼品签。你是不是已经忍不住了？快快动手吧！

154 长方形礼品签

用卡纸剪出一个长方形，然后用打孔器在顶端打一个孔，在孔里系上丝带。

155 碎花礼品签

用各种各样的彩纸剪出礼品签——包装纸、旧杂志，什么都行哦。

156 圆形礼品签

把圆形的杯盖或瓶盖扣在卡纸上，沿边缘画线。

158 如何系丝带

对折彩带。先把中间折起来的部分从纸孔中穿过，再把其余的部分从彩带圈中穿过，拉紧。

157 拼贴礼品签

用彩纸或其他材料剪出不同的图案，粘在礼品签上。也可以粘上纽扣或贴上贴纸哦。

小雪人，真可爱。怎么画，你猜猜？看看第16页吧。

喳！喳喳

159 画一只小鸟

右边画出了4个小鸟轮廓，快快动手，画出更多的小鸟吧！

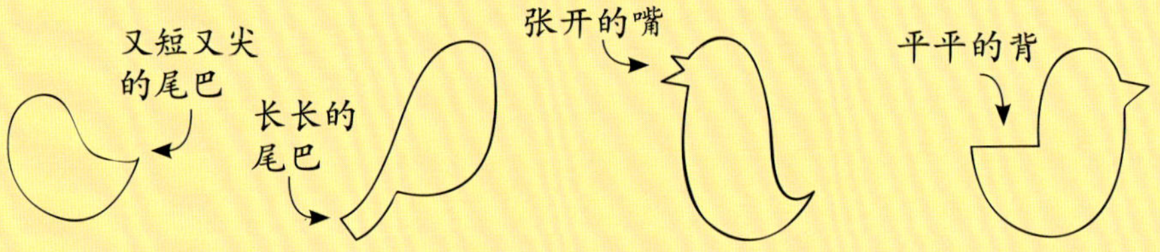

160 电线上的聚会

161 树上的鸟

画一棵大树，在树枝上画出大大小小的鸟。

162 啄食的小鸟

画一只尾巴翘上天、嘴巴挨着地的小鸟。喳喳喳，我饿啦！

163 小鸟一家亲

准备一张大大的白纸，把喜欢的小鸟都画出来吧。别忘记画上树木和电线哦。

人人都是明星脸

你知道旧杂志上的照片怎么玩吗？不知道？那还等什么，快来看看吧！

164 牛仔

1. 用白色卡纸剪出一个明信片大小的长方形，然后从旧杂志上剪下一片正方形的图画做背景，粘在卡纸上。

2. 用彩纸剪出半圆形的身体和椭圆形的头。先粘身体，再粘衣服上的两道条纹，最后粘头。

3. 从旧杂志上剪下两只眼睛、一张大嘴和一顶帽子，粘在纸人的头上。最后画上鼻子，再剪一个警长徽章。

165 潜水员

画出面具，加上水下呼吸器。潜水员做好啦！

166 派对公主

派对公主真漂亮，亮闪闪，闪闪亮。

167 海盗船长

画一顶海盗帽、一个海盗眼罩和一件海盗衫。从旧杂志的图片上剪下眼睛、胡子和可爱的鹦鹉。

168 歌唱家

歌唱家正在演唱，所以要剪一张微微张开的嘴哦。

169 生日快乐

过生日，当然要准备蛋糕和蜡烛啦。

170 冰激凌

哇，蛋卷冰激凌！这可是用好几张不同的照片拼出来的，太好吃啦！

171 探险家

剪一片茂密的丛林做背景，再画一个望远镜，把眼睛粘在镜片上。

一闪一闪亮晶晶

172

花朵卡片

在花心里缝上闪彩亮片，再缝上一颗小珠子。

173

桃心卡片

在桃心中间粘上花形亮片，再粘上小珠子。

缝珠子的方法

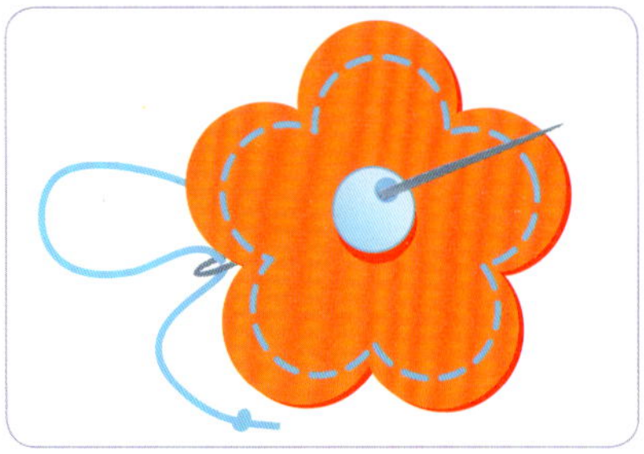

1. 在针上穿线，穿好后，在其中一个线头上打结。从背后向上穿针，对准珠子上的小孔，穿过去。

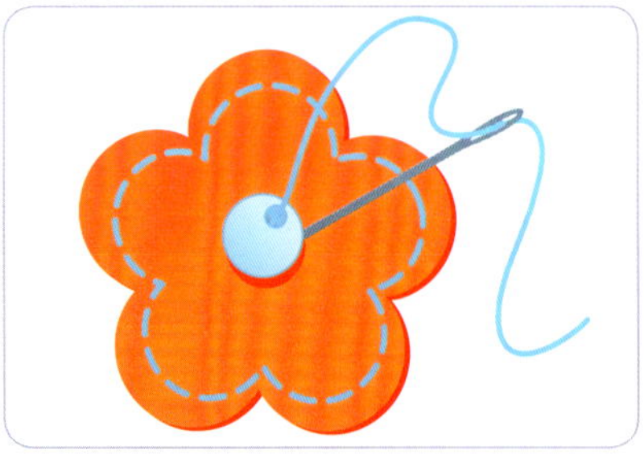

2. 绕过珠子，把针向下插，然后在背面再缝几道短线，固定线头。

174

星星礼品签

用彩纸剪出星星，再粘上小珠子。

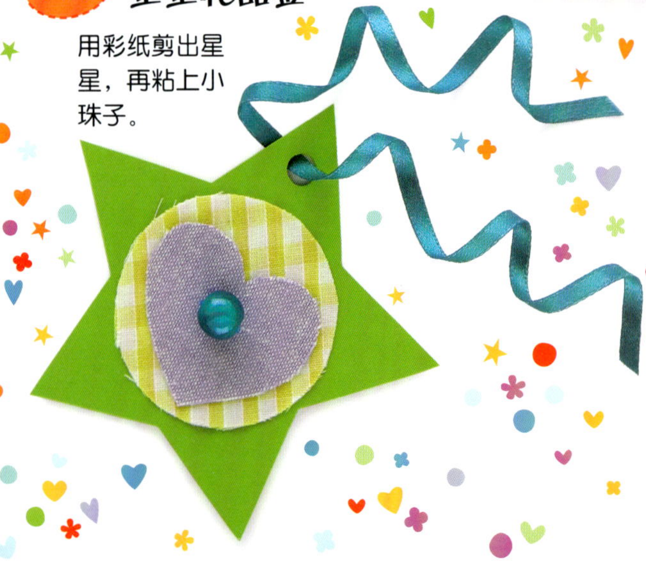

175

甜蜜爱心

还记得怎么缝布偶吗？看看第50页就知道啦。

176

心花朵朵开

把花朵和桃心粘在一根长长的丝带上，做好后挂起来。

瞧，像这样缝几道短线更漂亮。

177

小桃心，挂起来

在桃心背面粘上彩色丝带，就可以挂在房间里啦。

缝亮片的方法

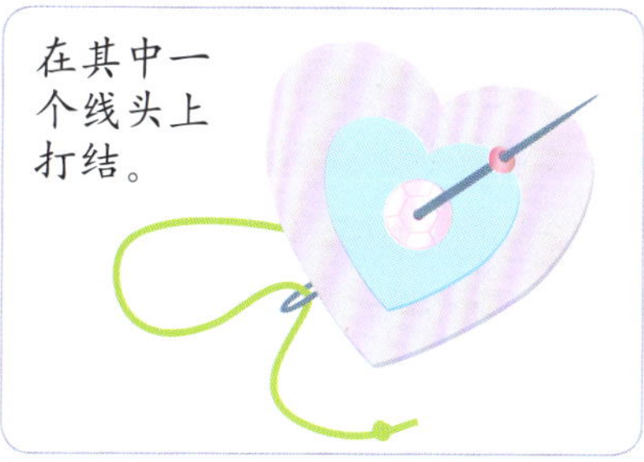

1. 从背后向上穿针，但不要全部穿出。先在露出的针上穿一个亮片，再穿一颗珠子。

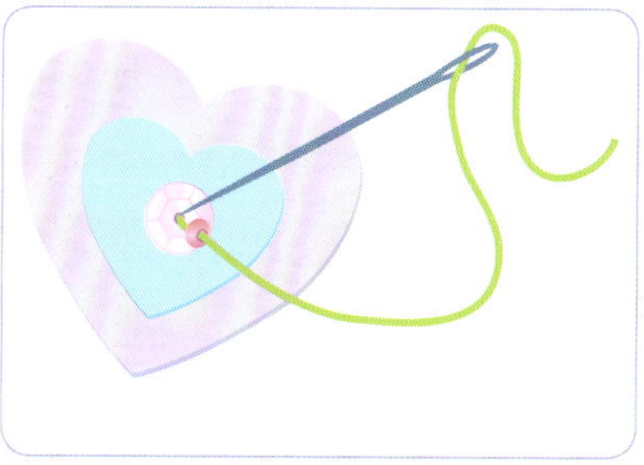

2. 把针拔出，绕过珠子，从亮片的小孔中向下插回。最后在背面缝几道短线，固定线头。

蛋筒玩具人

178 圣诞老人

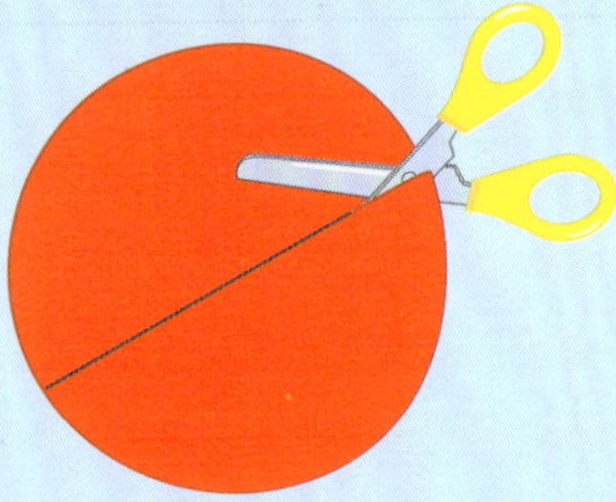

1．先做蛋卷形的身体。把一个圆盘扣在红色的彩纸上，沿边画好。把画好的圆形剪下来，向中心剪开，剪到圆心。

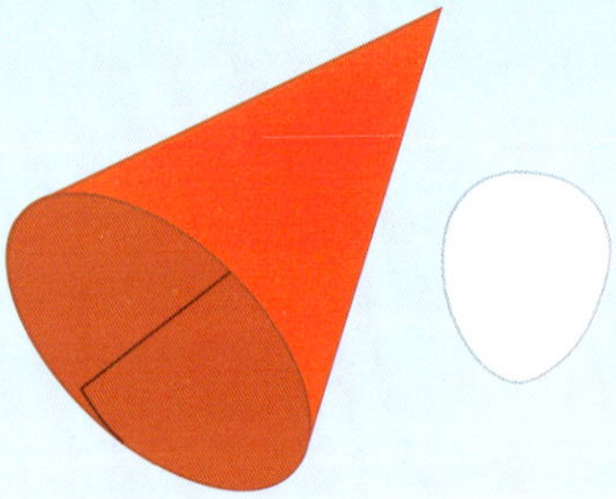

2．以圆心为中点，把纸卷成蛋筒形，粘牢。边等胶水晾干，边剪出一片白纸（白色布料也可以），用来做圣诞老人的头发和胡子。

179 精灵男孩

用绿色彩纸给圣诞老人做几个小精灵吧。小精灵都是尖耳朵哦！

3．剪一个小圆片，用来做帽子上的绒球。再用彩纸剪出脸形，粘在胡子上。画上眼睛、红脸蛋和嘴巴，画好后粘在蛋筒上。

4．用彩纸剪出胳膊和手，剪出腿和靴子。先把胳膊和手粘在一起，再把腿和靴子粘在一起。在腿上粘出条纹图案。

5．把胳膊粘在蛋筒上，把腿粘在蛋筒内。注意，要粘在靠正面的一边哦。剪一段彩色的绳子做挂圈，粘在蛋筒背后。

182

天使

用粉色彩纸做蛋筒，罩上薄绵纸剪成的纸雪花（见第90页）。在背后粘上翅膀。

180

精灵女孩

给精灵女孩做出漂亮的金色长发。

183

圣诞树

把深绿色的皱纹纸包在蛋筒外，再加上亮片、彩带和星星。

181

雪人

剪一个圆形做雪人的头，粘在蛋筒上，再做一顶纸帽子和围巾。

184

麋鹿

剪出头和鹿角，粘在蛋筒顶上。加一个红色的鼻子，再用毛茸茸的材料剪出肚皮和蹄子。

宇宙观光团

185 火箭

1. 在红色彩纸上画出火箭的机身，画好后剪下来，粘在另一张纸上。再剪几条弧形纸片，在机身上粘出条纹。

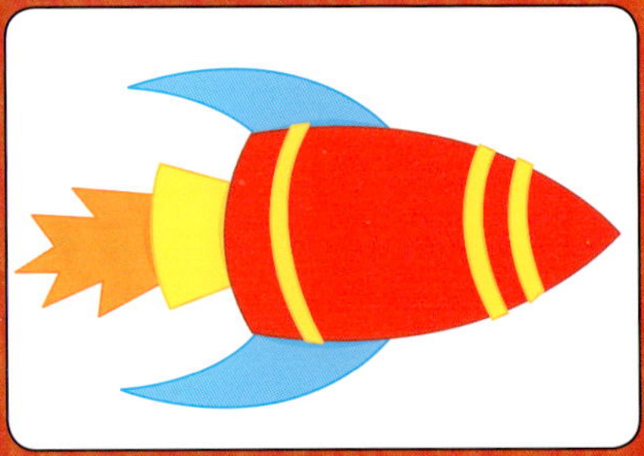

2. 剪出喷火装置和火焰，依次粘在火箭的尾部。然后剪两片机翼，分别粘在火箭的两侧。

3. 剪出一大一小两个圆形，粘在火箭上做窗户。用彩笔画出小飞行员，最后在机身画线。

186 火箭观光团

准备一张大纸，画上各种各样的火箭，组成观光团。别忘记画星星哦。

哇，这艘火箭有3个喷火装置！

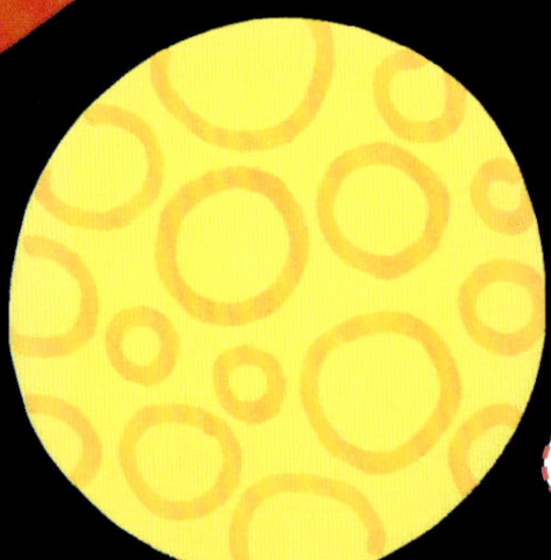

187 行星

用黄色彩纸剪出圆形，画上陨石坑。

189 极速太空船

先做火箭，然后剪出一个白色的泡泡，粘上做船舱。

188 宇宙怪兽

嗷！太空船里有怪兽！

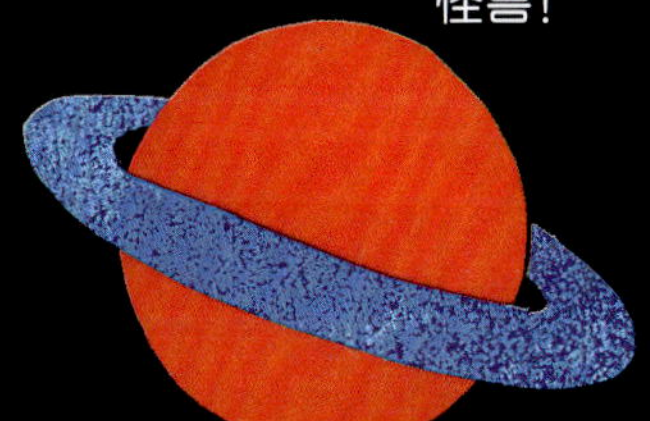

这颗蓝色星球是用海绵蘸蓝色颜料，拓印好后剪下来的（见第76页）。

190 登月

做一个小宇航员，再做一艘火箭，粘在月球上——登月成功！

用黄色彩纸剪出五角星，粘在火箭和星球四周。

长又长，纸拉环

191 汽车拉环

1. 准备一张长方形的纸，长边对折。压实后展开，沿折痕撕成两片。

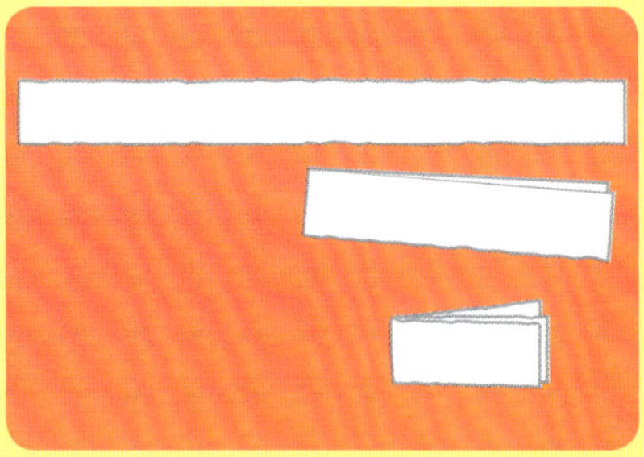

2. 按照第一步的方法，把其中一张纸条再次撕成两片。选一张纸条，短边对折两次。

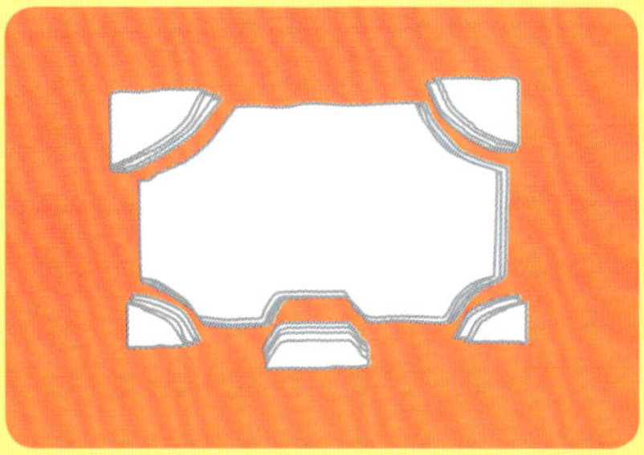

3. 先剪掉4个纸角，然后剪掉底边中间的部分——汽车轮廓就做好啦！

4. 展开纸条，在每片纸上沿轮廓画一辆小汽车。然后画上车灯、窗户和车门，最后画上乘客。

把两条纸粘在一起，就能做出更长的纸拉环。

192 蝙蝠拉环

在折好的纸上画出蝙蝠。

小心，不要把翅膀尖剪断哦。

画出眼睛，再画出嘴和尖牙。

193 街舞聚会

把纸条折好，画出跳舞小人的形状。画好后剪掉多余的纸，小心不要把胳膊剪断。

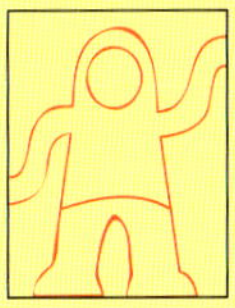

194 甜蜜桃心

在折好的纸条上画出桃心图样，画好后剪下来。

195 接吻鱼

在折好的纸条上画出小鱼。

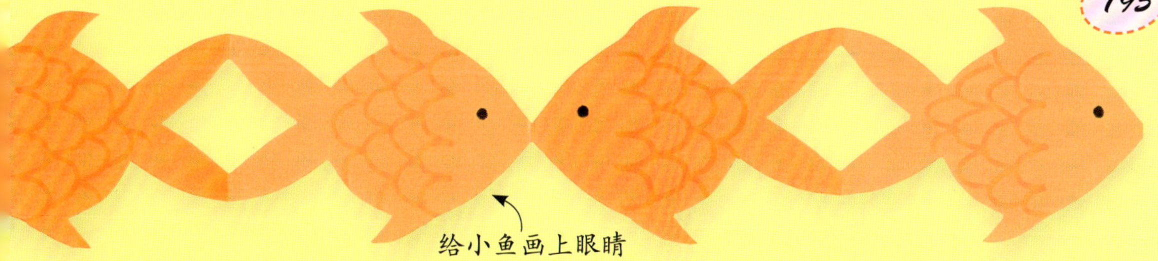

天上小鸟，地下小虫

哇，真热闹！有虫子、蝴蝶，还有小鸟。你知道它们是怎么画出来的吗？对啦，手指印！快快动手，一起来做游戏吧。

196 飞翔的小鸟

1．先把颜料挤在盘子里，然后用拇指蘸颜料，印在准备好的纸上。

2．颜料晾干以后，给小鸟画上眼睛、尖嘴、翅膀、腿和尾巴。

197 飞来飞去

先画一只小鸟，在小鸟身边画几条短线——飞起来喽！

198 蝴蝶翩翩

用拇指印4个指印，做成蝴蝶的翅膀。颜料变干后，画出身体，再加上触须和斑点。

199 **蜘蛛**

印一个黑色的拇指印。画上眼睛，还有8条腿。

200

蜘蛛网

从一个中心点向外画放射线，然后在线和线之间画出短线。

201 **毛毛虫**

颜料变干后，画上触须和腿，再画出表情。

先印一个拇指印，稍微隔开一点点，再印两个，最后用其他手指印完身体剩余部分。

202

树叶上的毛毛虫

画一条毛毛虫，在它身下画一片树叶。画好后涂上颜色。

203

色彩斑斓

用指尖蘸颜料，给毛毛虫画出斑点，也可以用彩笔画出条纹。

会站立的纸偶

204 大象

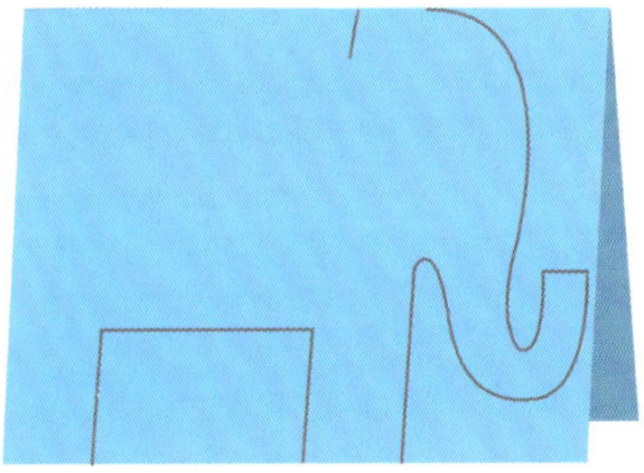

1. 准备一张长方形彩纸，对折。在其中一面画出大象的形状，然后在大象耳朵的位置画出一条短线，画好后剪下来。

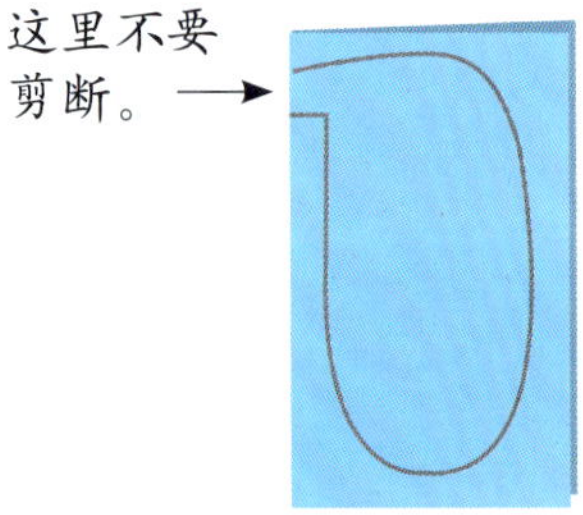

2. 用同色的彩纸剪出一个小长方形，对折。在其中一面画出大象的耳朵。不要展开彩纸，画好后剪下来。

3. 画上眼睛、脚趾和鼻子上的皱纹。剪开画在耳朵位置的短线，然后让大象站起来。展开纸耳朵，插在大象上。

206 狮子

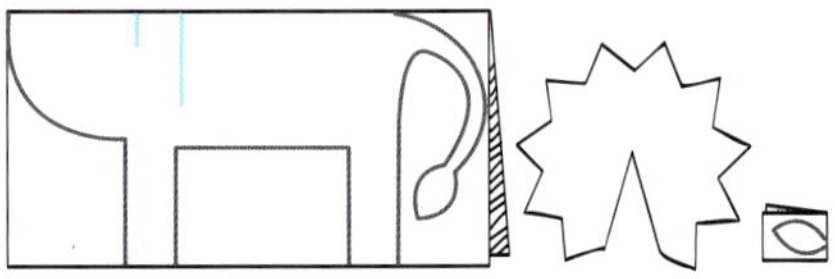

给狮子剪出鬃毛和耳朵。

205 鳄鱼

把彩纸长边对折，做一条长长的鳄鱼。

207 老虎

1．准备一张长方形的橙色彩纸，短边对折。用铅笔在其中一面画出半只老虎。

2．画好后剪下来。展开彩纸，从耳朵的位置向下折出老虎头（从图上画有红色虚线的地方开始折）。

3．用黑色水笔画出眼睛、鼻子和嘴巴，再加上斑纹。最后画出老虎的前腿和后腿。

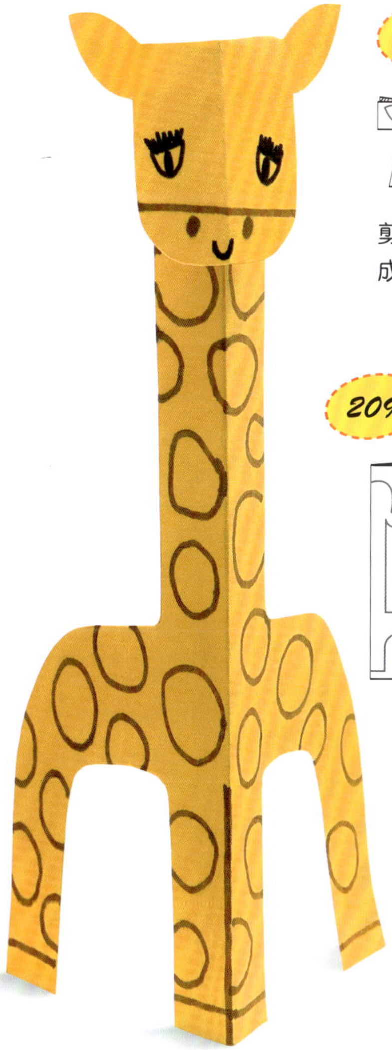

208 犀牛

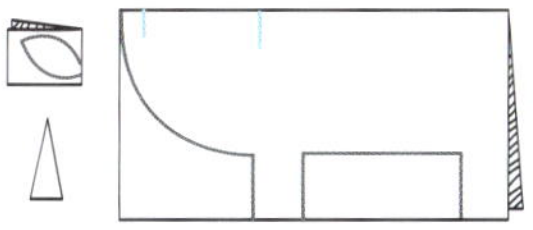

剪一个小小的三角形，做成犀牛角，插在鼻子上。

209 长颈鹿

和老虎的做法一样，先剪下长颈鹿，再折出头部。

210 动物一家亲

做出大小不同的动物纸偶，摆在一起。瞧，它们是一家！

海绵拓印小鸟

211 拓印一只小鸟

1. 在一张白色卡纸上分别画出小鸟的身体和翅膀，画好后剪下来。然后，在盘子里挤出黄色、橙色和红色的颜料。

2. 准备一块刷碗用的清洁海绵。先蘸黄色颜料，在小鸟的身体和翅膀上轻轻按压。再蘸橙色的颜料，在小鸟的肚子和翅膀上轻轻按压，盖住黄色。

3. 最后蘸红色的颜料，在小鸟的肚子和翅膀上轻轻按压，盖住橙色。边等颜料变干，边剪出小鸟的嘴和腿，粘在身体上。

212 树上的小鸟

剪出大树的树枝，再剪出叶子，用海绵涂好颜色，再把小鸟粘在树枝上。

213 飞呀飞

剪两片翅膀，分别粘好。把小鸟的身体横过来，尾巴朝上。

214 贪吃的小鸟

一只小鸟停在饲料器上。瞧，它还在扇翅膀呢！

215 小鸟的家

在卡纸上画出鸟舍和支架，画好后剪下来。用黄色、棕色和黑色的颜料给它涂上颜色。

卷卷玫瑰园

216 卷吧卷吧

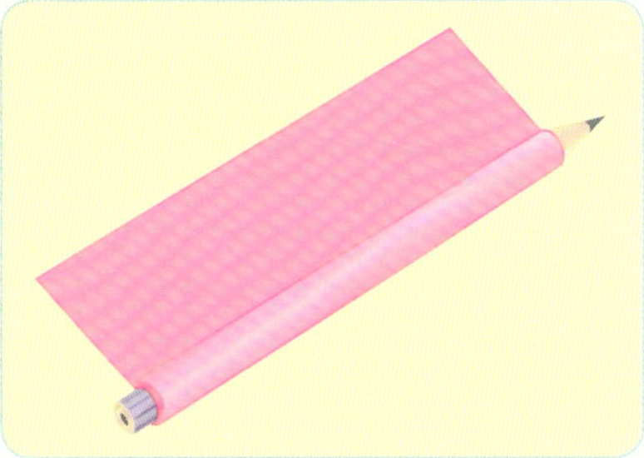

1. 用彩色卡纸剪出一个长方形，明信片大小。在短边上摆一支铅笔，把卡纸卷起来。

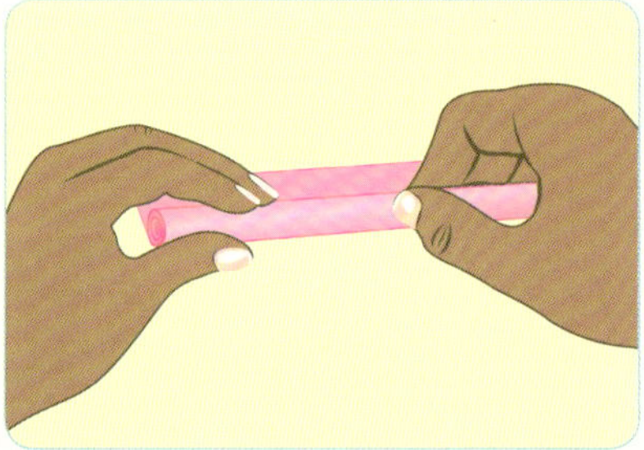

2. 抽出铅笔，把卡纸展开。用手重新卷卡纸，卷得越紧越好。

3. 捏紧卡纸卷，用剪子剪成小段。小纸卷会散开，需要重新卷好。

4. 用卡纸剪一个心形的底板，然后在小纸卷的底面涂一点胶水，一个一个地粘在底板上。

217 树叶卷卷

准备一张绿色的卡纸，按照上面的步骤卷起来。用剪子剪成小段，粘在花朵中间。

218

桃心卷卷

把纸卷小心地捏成水滴形，然后按住圆头的部分，压出心形。

219

花枝卷卷

用蓝色彩纸卷出花瓣，用绿色彩纸卷出叶片，在中间粘上花茎。

220

维菊卷卷

把纸卷捏成两头尖的枣核形，做成花瓣。把薄绵纸捏成小球，粘在中间。

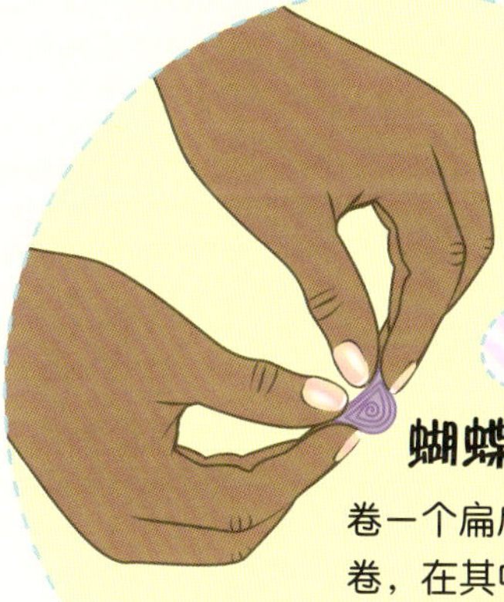

221

蝴蝶卷卷

卷一个扁扁的彩纸卷，在其中一边捏出两个“犄角”，做成半圆形。

222

小树卷卷

用绿色彩纸剪出椭圆形树冠，用棕色彩纸剪出树干，粘在一起。最后粘上彩色纸卷。

呜嗷，怪兽登陆

223 黄色的怪物

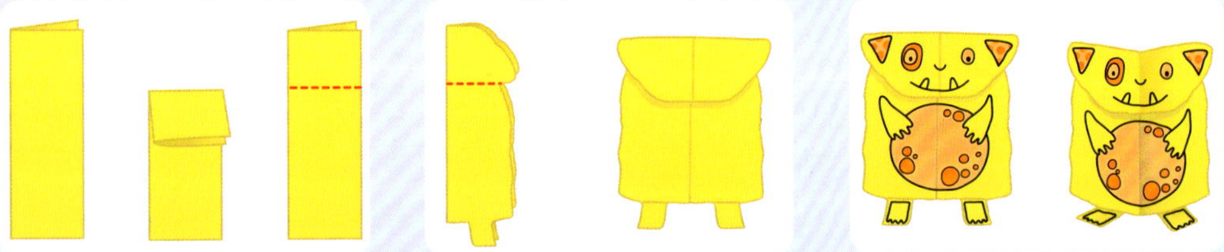

1. 用黄色彩纸剪一个长方形，长边对折。把顶部向下折，折好后再打开。

2. 把右上角撕成弧形，然后向下撕出怪物的身体。最后撕掉下面的纸角，展开，向下折好怪物的头。

3. 给怪物画出表情，加上耳朵，再画出短短的手脚和一个大肚皮。把怪物的脚向前折，让他站起来。

224 长角的怪物

按照这样的形状画，就能做出长角的怪物。

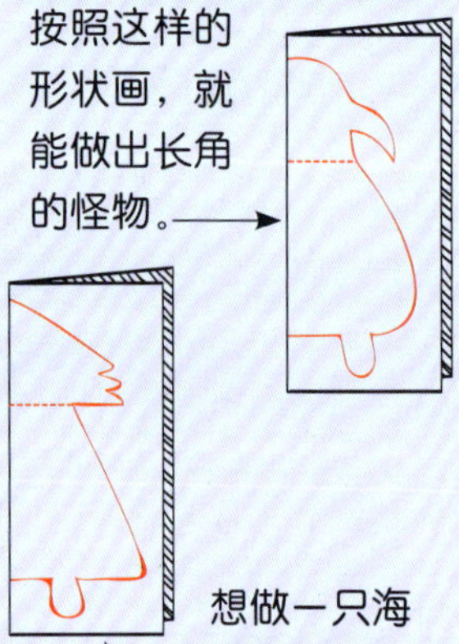

想做一只海里的怪物？没问题！

225 海里的怪物

226 变形金刚

哇，这辆卡车竟然是变形金刚，太酷啦。汽车人，变形！

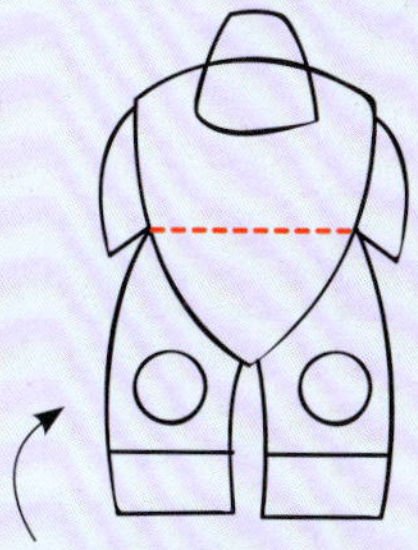

先画出变形金刚，然后沿着红色虚线向下折。

227 金刚机器人

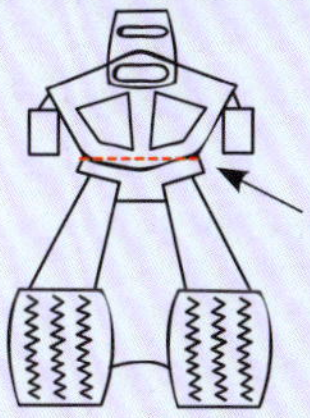

沿着红色虚线向下折。

按照上面的样子，就能画出帅气的机器人了。

228 超级英雄

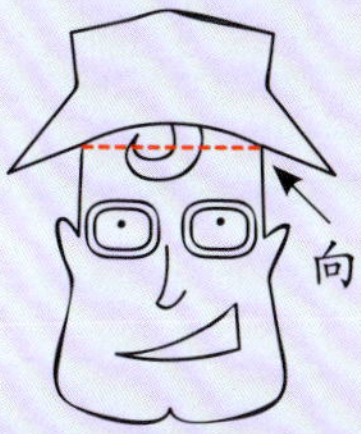

向下折。

超级英雄都喜欢面具，折下帽子，画出面具吧！

可爱的精灵岛

快看，到处都是小精灵！她们有的正在跳舞，有的正在玩耍，还有的正在飞来飞去。快来一起玩吧！

229 小精灵

1. 准备一张白纸，先画一张圆圆的精灵脸，再画一个三角形做裙子。

2. 在裙子两边画出翅膀，再画出头发。等颜料变干。

3. 用黑色细水笔描边，画出裙子和翅膀。

4. 画出表情和头发卷，最后画出细细的胳膊和腿。

230 精灵魔杖

画一个小圆点，等颜料变干后，在圆点上画一颗星星。

231 精灵公主

想见见精灵公主吗？给小精灵画上王冠就行啦！

232 翩翩飞舞

小精灵飞起来很漂亮哦。她们的翅膀向后展开，胳膊和腿都伸得长长的。

233 精灵花

在小精灵身边画出大大的花朵，合成一幅画。

234 欢笑精灵

瞧啊，小精灵们都笑得合不拢嘴啦！

235 美丽精灵

小精灵个个爱打扮。谁的发型美，你来评评看！

236 小精灵躲猫猫

瞧，这个小精灵正躲在花朵后面，只露出上半身。先画花朵，再画小精灵。

风筝书签

238 三角形风筝

在菱形的两条长边上粘两个三角形，就变成三角形风筝啦！

239 蝴蝶书签

用有图案的彩纸剪出翅膀，再粘上身体。最后给尾巴粘上葫芦形的纸片。

237 风筝书签

1．把4张颜色不同的彩纸粘在一张大纸上。粘好后，在中间画出风筝图样。

2．剪下风筝，在背面用胶带粘一根长线，做成尾巴。

3．把第二步中剪掉的彩纸对折，画上三角形。画好后剪下来，做成蝴蝶结。

4．把做好的风筝平放在保鲜膜上，给尾巴涂好胶水，粘上蝴蝶结。

241 鲤鱼风筝

用彩纸做一条鲤鱼形状的风筝，用薄绵纸剪出长长的飘带做尾巴。

240 巨龙风筝

在彩纸上画出龙头，再剪出三角形粘在尾巴上。

242 蓝鸟风筝

用蓝色彩纸剪一只鸟，再给尾巴粘上剪刀形纸片。

土豆公园

运用这些奇妙的想法，自己绘制一幅特别的公园图吧！

243 土豆树

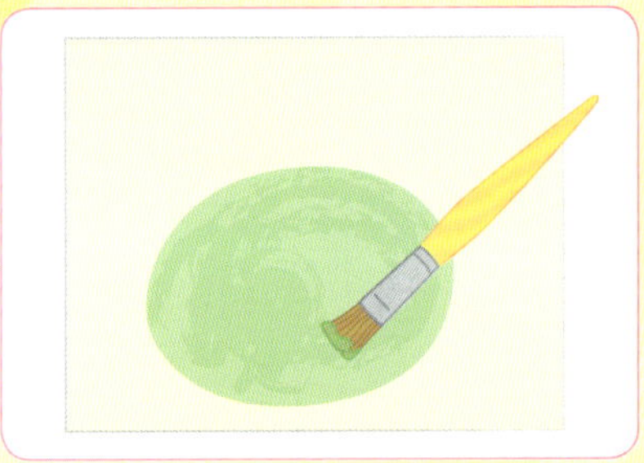

1. 在一张白纸上涂满黄色水彩，晾干。用绿色颜料画一片椭圆形的草坪，画好后晾干。

2. 准备一块厨房清洁海绵块，蘸满颜料。把一个大土豆切成两半，按在海绵上，使土豆切面沾满颜料，然后再把土豆按在图画上。

3. 剪一块长方形纸板，用短边蘸一点颜料。先给大树上画出树干，然后画出树枝。

244 小鸟

用指尖蘸颜料，画出小鸟的头和身体。用纸板画出翅膀、短腿、尾巴和小嘴。

245 鸟巢

把半个土豆再对半切一次，蘸上颜料，印出鸟巢。

247 树干的画法

把纸板的长边蘸满颜料，在树干的位置横着划过。

248 点点小花

用铅笔头上的橡皮印出圆形小花，用纸板角印出小点点。

249 果树

在画好的树上画出苹果、橘子或柠檬。

246

灌木

用1/4个土豆印出灌木，用手指印出圆圆的图案。

飞飞飞，爬爬爬

250 蜻蜓

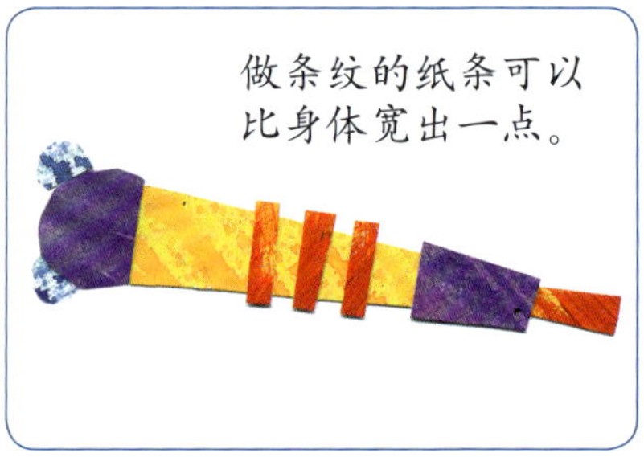

1. 按照第54页和第112页的方法，做出漂亮的彩纸。在彩纸上分别画出蜻蜓长长的身体、小小的头，还有一对大眼睛。画好后剪下来，粘在一起。

2. 剪一个小小的梯形，粘在尾巴尖上。再剪3张小纸条，粘在身体上。最后剪一个大些的梯形，粘在条纹后。

3. 把两张彩纸对折，分别画上翅膀，一大一小。画好后剪下来，粘在蜻蜓身体的两侧。最后粘上条纹，再粘上触须。

251 空中蜻蜓

用粉笔在蜻蜓周围画出云彩。用指尖抹开色块，就能画出漂亮的云彩。

254 铅笔飞蛾

用签字笔或细水笔画出飞蛾的身体和翅膀。然后给身体画条纹，给翅膀画斑点，再加上两条触须。画好后，用彩色铅笔涂色。

252 粉笔甲虫

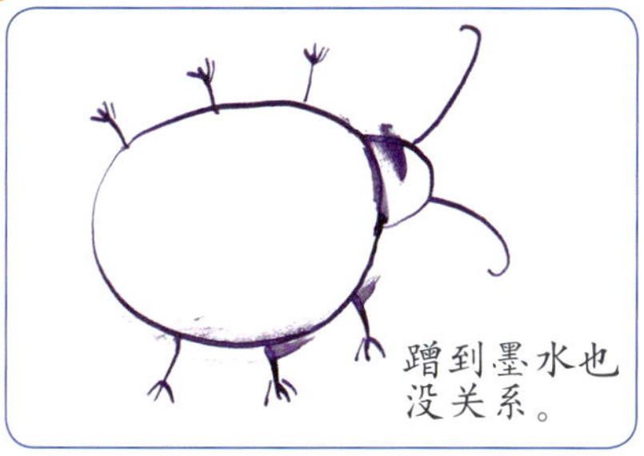

1. 用签字笔、细水笔或圆珠笔画出甲虫圆滚滚的身体。画上头，加上触须，然后在身体周围画出6条腿。

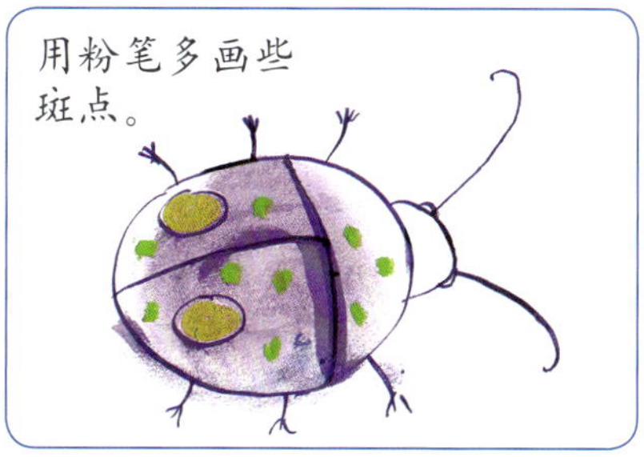

2. 画上翅膀和斑点，用粉笔或蜡笔整体涂色。用手指尖抹开色块，然后把斑点涂成金色。

253 墨点图画

先画几只甲虫，然后把画纸放在旧报纸上。把细刷水彩笔蘸满墨水，拿到画纸上方，用手指刮几下刷头。这么一来，墨水就溅到纸上啦！

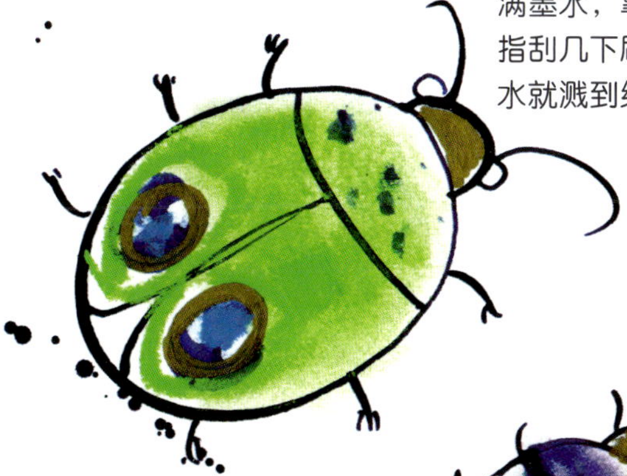

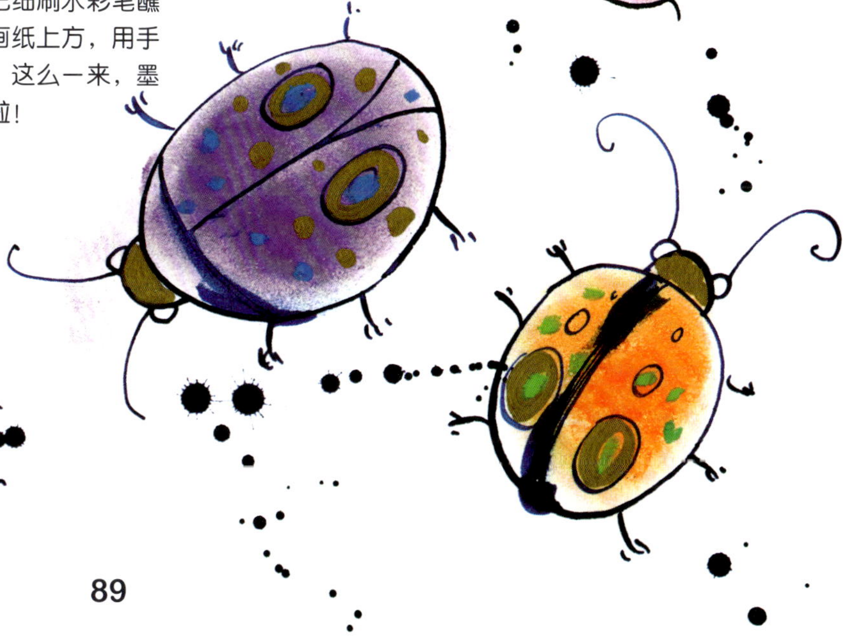

256

圆平平的图案

用弧形缺口代替三角形缺口，就能剪出柔和的图案。还可以剪掉纸尖，做出花心。

257

纸雪花串

剪出各种各样漂亮的纸雪花，粘在丝带上。

飘啊飘啊纸雪花

255 剪雪花的方法

1. 把圆口茶杯放在一张白纸上，用铅笔描出圆形。再把茶杯放在一张彩色薄绵纸上，也用铅笔描出圆形。画好后，剪下来。

258

闪闪发光的纸雪花

在纸雪花上涂满胶水，撒上亮晶晶的闪彩碎片。

2. 把圆形白纸对折3次，然后在纸尖旁剪出一个三角型缺口。继续剪出更多缺口，小心不要剪断。

3. 仔细展开白纸，动作要轻，不要碰坏图案。打开后，在背面涂一些胶水，粘在圆形彩色绵纸上。

259 雪花仙女

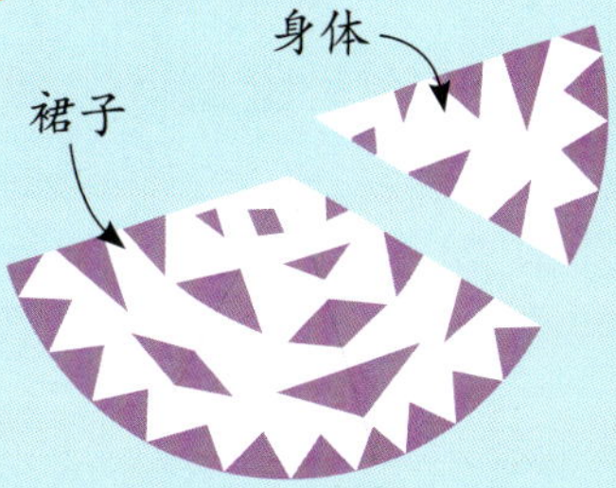

1. 按照上一页的方法剪出纸雪花，展开后对半剪开，并用其中一半剪出身体和裙子。

2. 把身体部分的纸尖向下，粘在裙子上。把一张白纸对折，沿折痕画出翅膀。画好后，剪下来。

260 仙女在跳舞

让胳膊举高，把腿伸直，仙女就会翩翩起舞啦！

给仙女做一件闪闪发亮的连衣裙吧！

3. 在纸上画出仙女的头、头发、胳膊和腿，还有一双鞋子和一顶王冠。画好后剪下来，粘在刚才做好的身体上，再粘上翅膀，画出可爱的表情。

261 雪花公主

把剪好的纸雪花粘在一张闪光纸上，剪出公主裙。

独一无二的礼盒

262 纸盒变礼盒

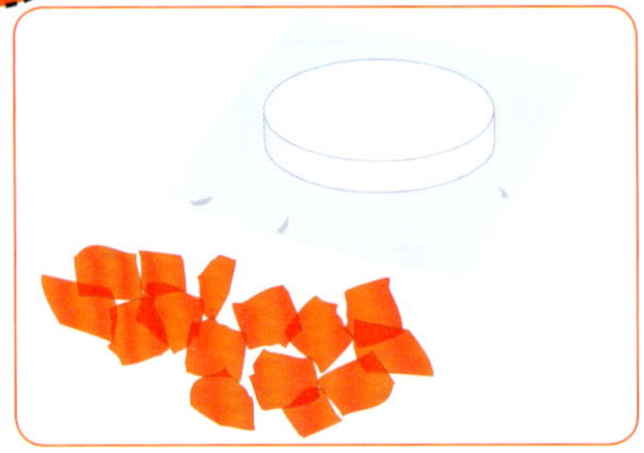

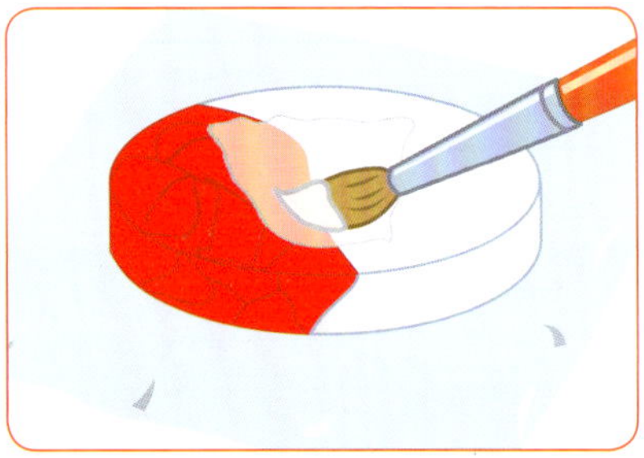

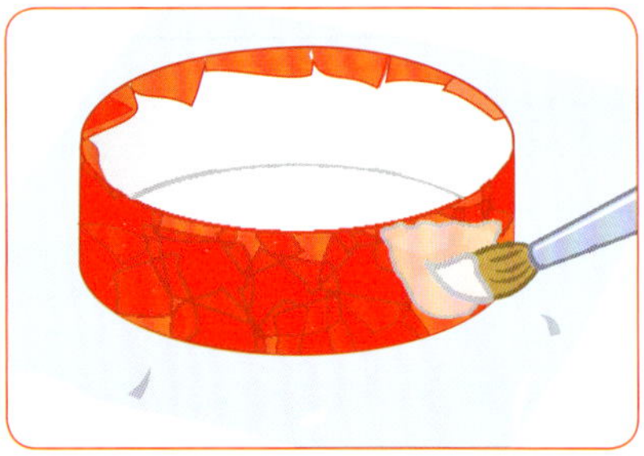

1. 把盒盖扣在一张保鲜膜上（以免弄脏桌子），把薄绵纸剪成碎纸条，越多越好。

2. 先在盒盖顶上涂满乳胶，粘上碎纸条。再把盒盖侧面涂上乳胶，粘上碎纸条。

3. 换一张保鲜膜，放上圆盒。在圆盒外涂满胶水，粘上碎纸条，然后晾干。

263 圆点礼盒

用打孔器做出大小一样的圆片，粘在礼盒上。

264 树叶礼盒

用薄绵纸剪出树叶的形状，在礼盒上粘贴出漂亮的图案。

265 双色礼盒

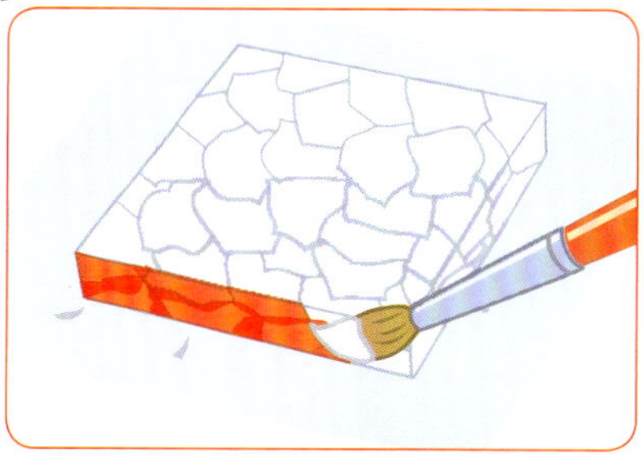

1. 瞧，下面那个白底红花的礼盒真漂亮！先把方盒和盒盖涂满胶水，粘上白色的碎纸条。然后把盒盖侧面涂上胶水，再粘一层红色的碎纸条。

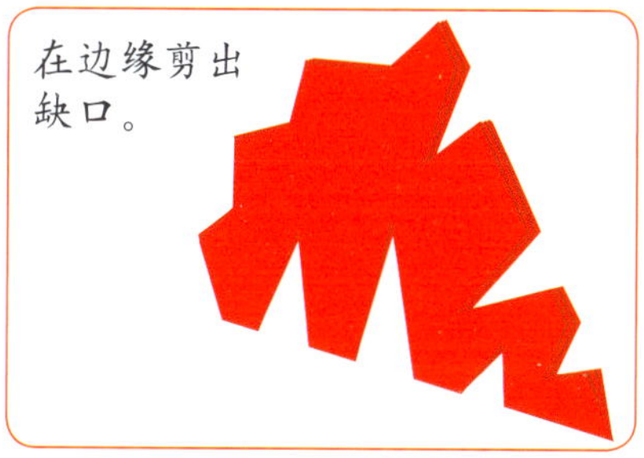

2. 把一个小小的圆形瓶盖扣在红色薄绵纸上，描出圆形，剪下。按照第90页第2步的方法剪出纸雪花。

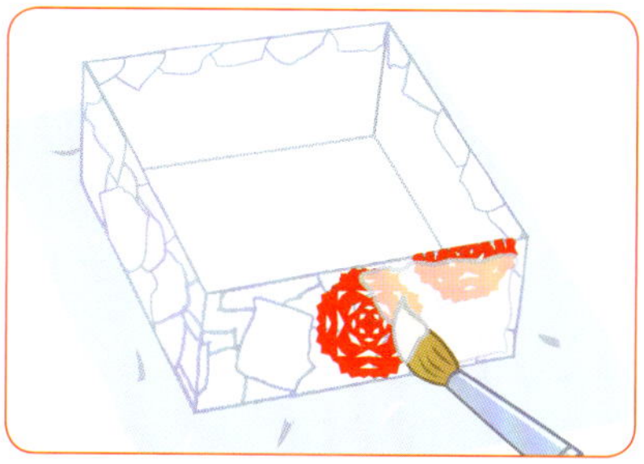

3. 多剪点儿纸雪花，剪好后小心地展开。在方盒和盒盖上重新涂满胶水，粘上纸雪花。

按照第18页第3步的方法，给盒盖粘上珠子。

鲜花盛开

266 水仙花

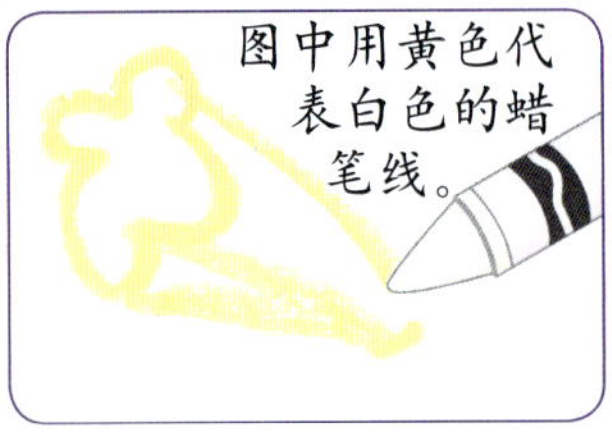

1. 用一支白色蜡笔或油画棒在纸上画出水仙花的花心。一定要用力画哦!

2. 调开黄色水彩颜料，在白色蜡笔痕上画出黄色的花瓣。瞧，花心露出来了!

3. 花瓣变干后，用绿色水彩颜料画出花萼。

4. 用细刷水彩笔画一根长长的花茎，然后画出箭形的叶子。

267 郁金香

1. 用一支白色蜡笔在纸上画出郁金香，再在花瓣上画几条线。

2. 调开红色水彩颜料，在白色蜡笔痕上画出红色的花瓣。颜料变干后，画出绿色的花茎。

268 紫色小花

1. 用白色蜡笔在纸上画出一朵4片花瓣的小花。

2. 在花瓣上画几条线，然后换一支黄色蜡笔画花心。

3. 用紫色水彩颜料画出花瓣。颜料变干后，画出花茎。

269 五彩花束

先用白色蜡笔画许多花，然后用水彩画出花瓣。等颜料变干后，画出花茎。

270

在做好的门牌上画一个正在睡觉的小人，再写上："嘘，别出声"。

271 **太空探险**

按照第68～69页的方法，做一个火箭太空游门牌吧！要用黑色的纸哦。

你好，请别进来

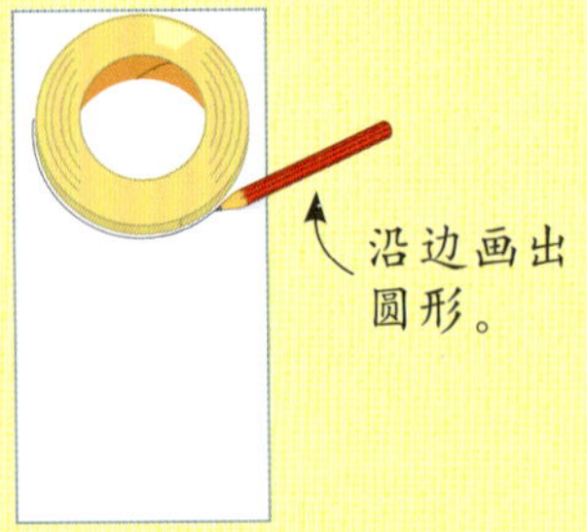

1. 用纸板或卡纸剪出一个细长的长方形，用做门牌的底板。把一卷透明胶带放在底板上，用铅笔描边。

272 大嘴怪

大嘴怪，嘴巴大，来人统统都吞下——嗷呜！

273 长臂怪人

用红色彩纸剪出怪人的身体，画上表情和条纹。

274 扭扭蛇

用彩纸剪出一条蛇，剪好后粘在门牌上。

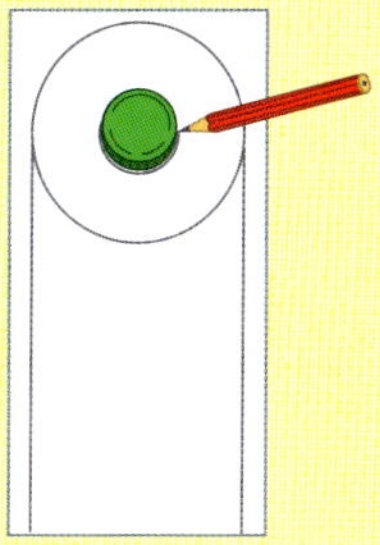

2. 从圆形边缘向下画两条直线，一直画到底边。在圆心里放一个瓶盖，用铅笔描边。

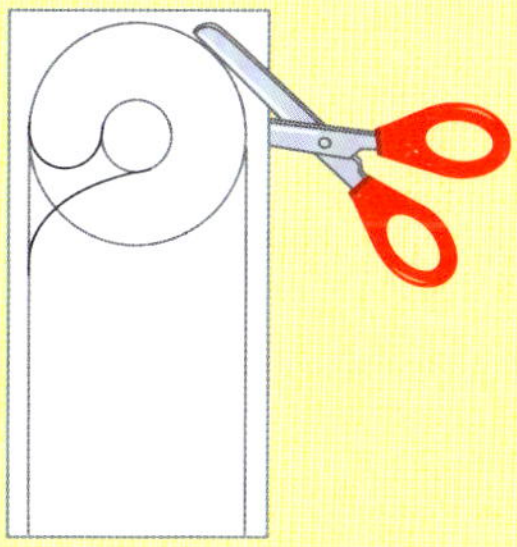

3. 在两个圆形之间画两条弧线，画好后剪下门牌，擦去铅笔线。好啦，还等什么？快快动手，画出你自己的个性门牌吧！

按照下面的样子画图，就能做出这些好玩的门牌了。注意，在剪下门牌之前，要先画好红色线标出的部分。

大嘴怪　长臂怪人　扭扭蛇

耀眼的圣诞节

276 亮闪闪的礼物

注意啦，要先系上彩带，再撒闪彩亮片哦！

277 圣诞老人礼品签

瞧，圣诞老人怀里抱着亮闪闪的礼物呢！

275 来做亮闪闪的挂饰吧

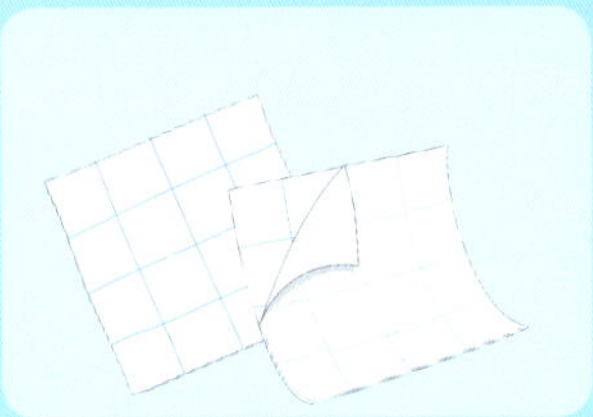

1. 准备两张同样大小的正方形玻璃贴纸，先揭开其中一张。

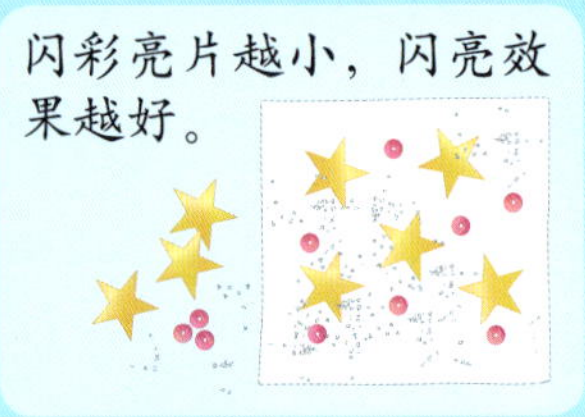

2. 让玻璃贴纸胶面向上，撒上各种形状的闪彩亮片。

3. 揭下另一张玻璃贴纸，粘在刚刚做好的闪亮贴纸上。

278 小天使

用玻璃贴纸剪出月牙形，做成小天使的翅膀。

279 圣诞树

把彩带缠在亮闪闪的玻璃贴纸上，做成漂亮的圣诞树。

280 亮闪闪，挂起来

有这么多漂亮的挂饰，还有亮闪闪的金线，圣诞老人一定会来的！

嚓嚓——拼装机器人

旧螺丝、破纸夹、废电线……咦，这些东西还能做成机器人？太好玩啦！

281 螺栓与电池

翻翻爸爸的工具箱，再找找妈妈的缝纫盒。机器人做好啦！

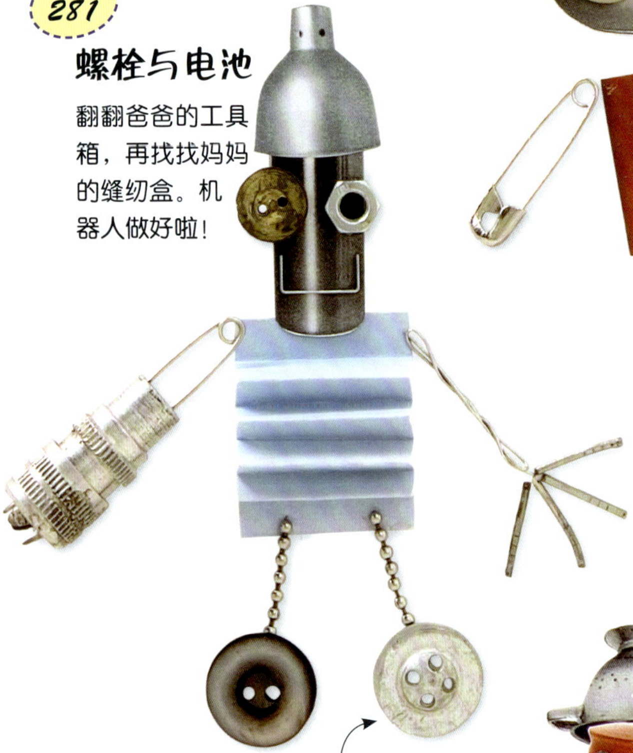

283 照片脸

旧杂志上有很多照片，剪一些跟金属有关的，粘出机器人的身体和脸。

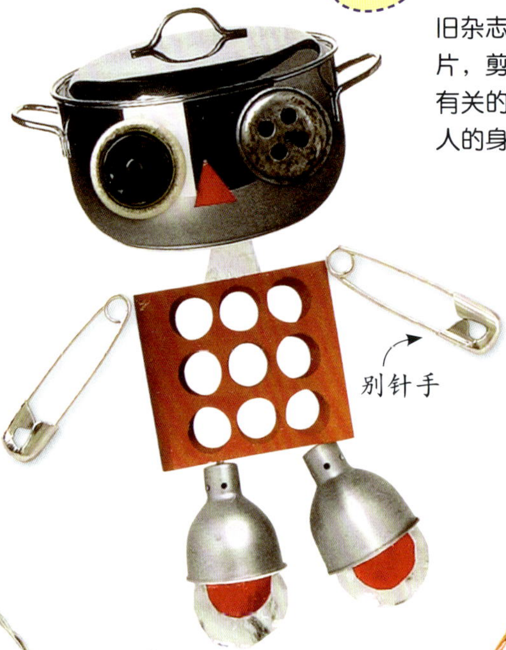

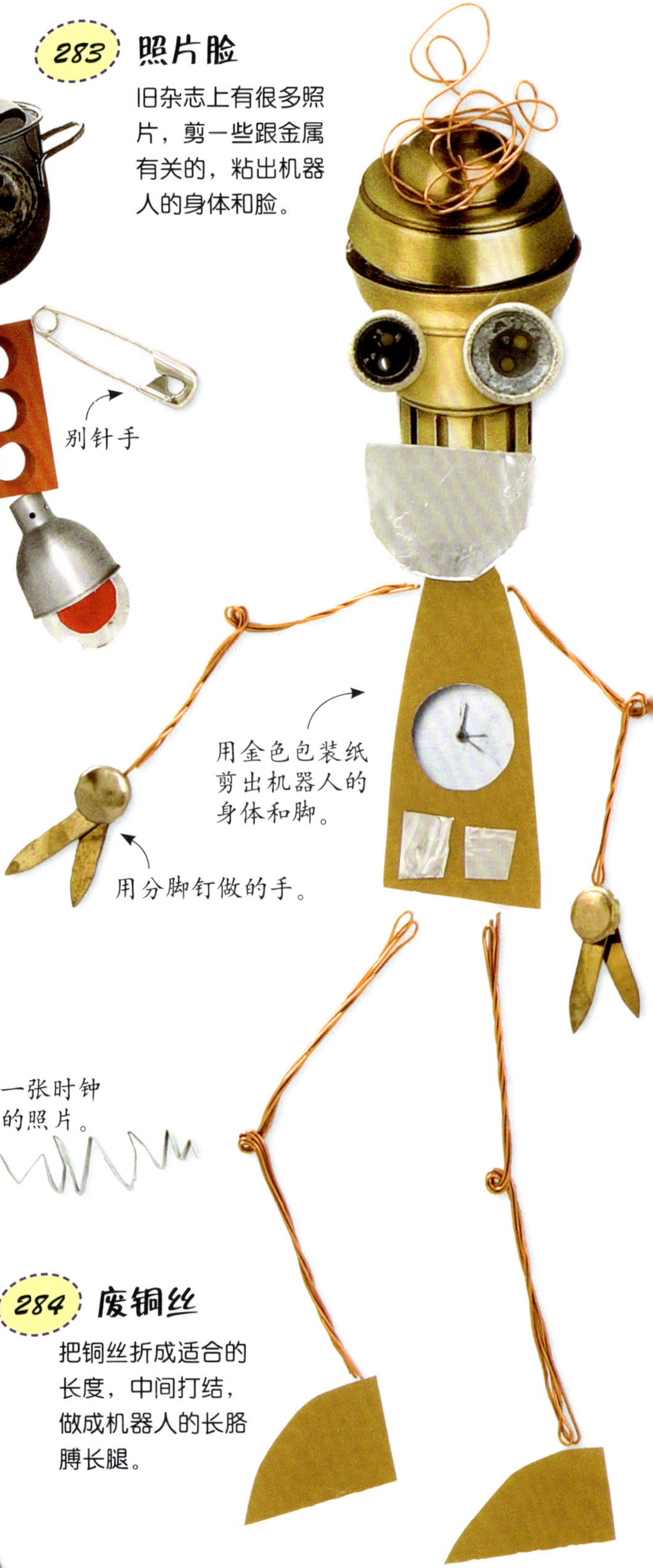

282 纸胳膊

向同一个方向不停地折纸，折成一块波浪形纸板。剪下来，做成机器人的身体或胳膊。

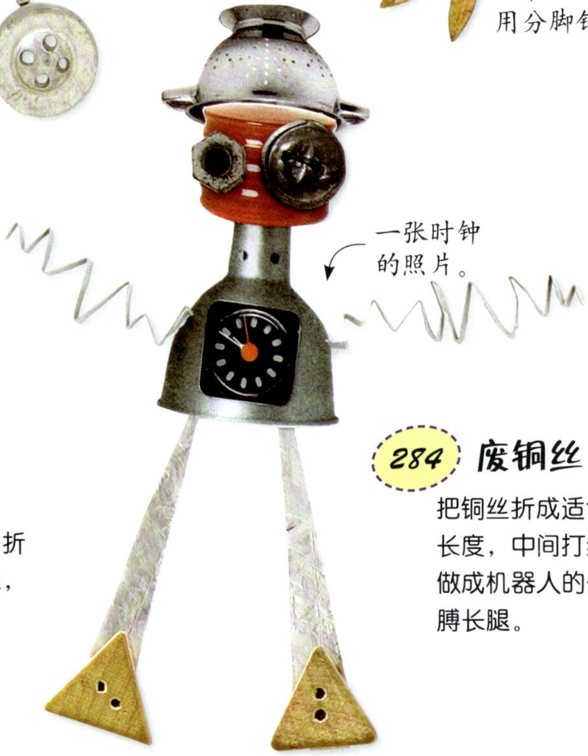

284 废铜丝

把铜丝折成适合的长度，中间打结，做成机器人的长胳膊长腿。

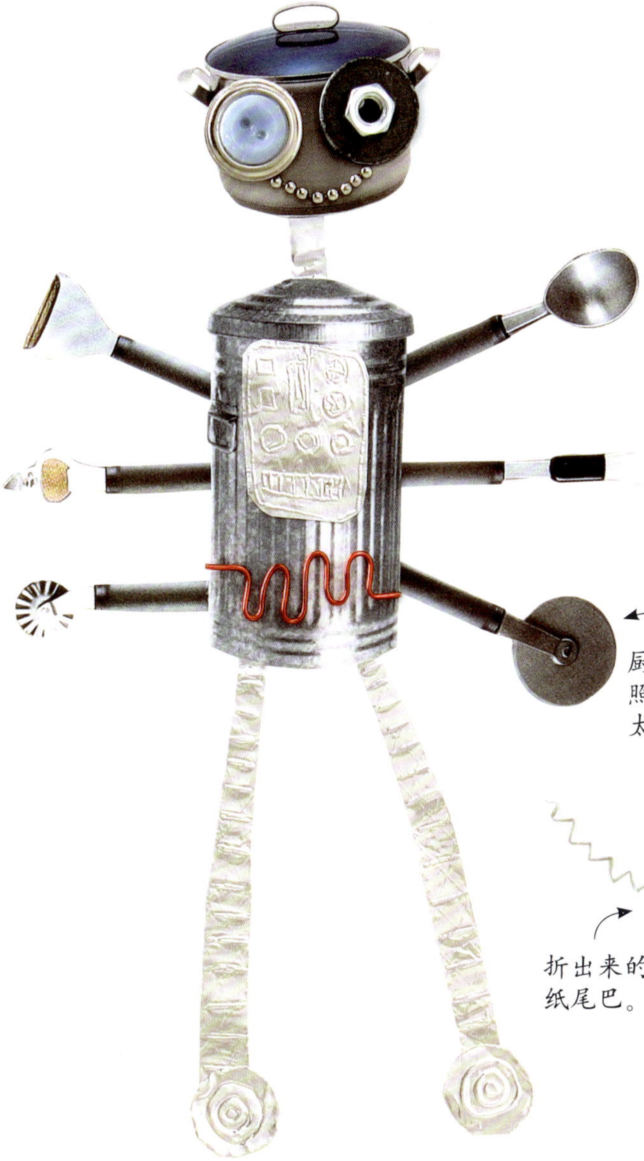

厨房用品的旧
照片，做胳膊
太合适啦！

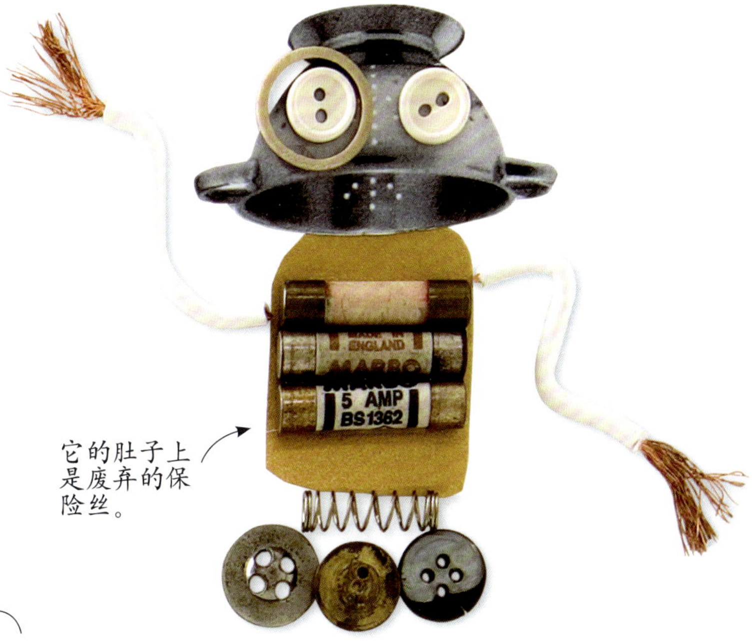

它的肚子上
是废弃的保
险丝。

285 锡箔纸

锡箔纸能做出机器人身上的很多部分。

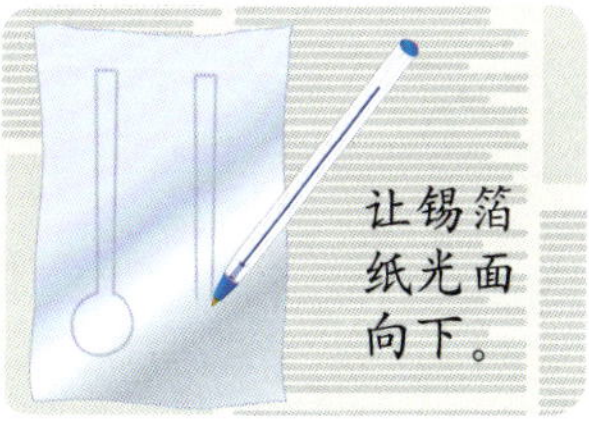

1．把一张锡箔纸铺在旧杂志上，用圆珠笔画出两条长腿和两只圆形的脚。

2．用力在腿上画出条纹，在脚上画出漩涡线。画好后剪下来，粘在机器人身上。

286 机器狗

用各种零件粘出的机器狗。

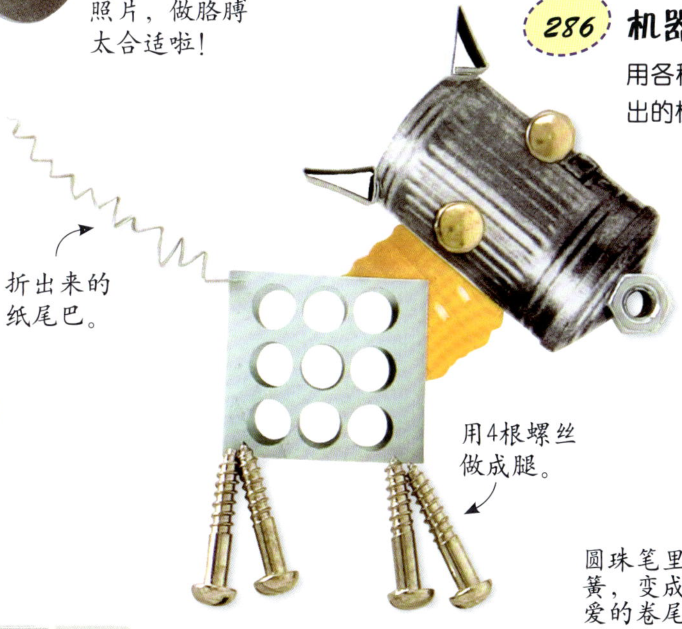

折出来的
纸尾巴。

用4根螺丝
做成腿。

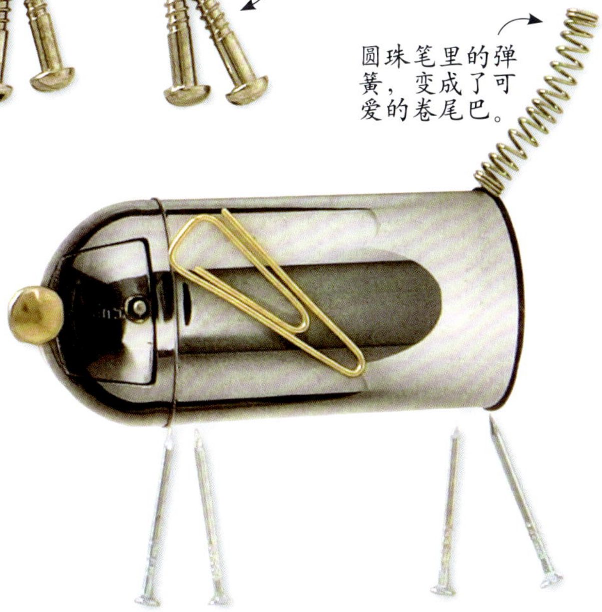

圆珠笔里的弹
簧，变成了可
爱的卷尾巴。

印花蛇

287 画一条蛇

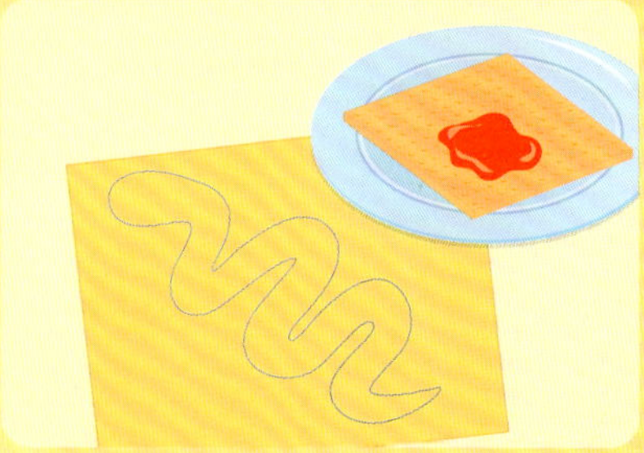

1．在一张卡纸上画出蛇的图样。画好后，在盘子里挤上颜料。

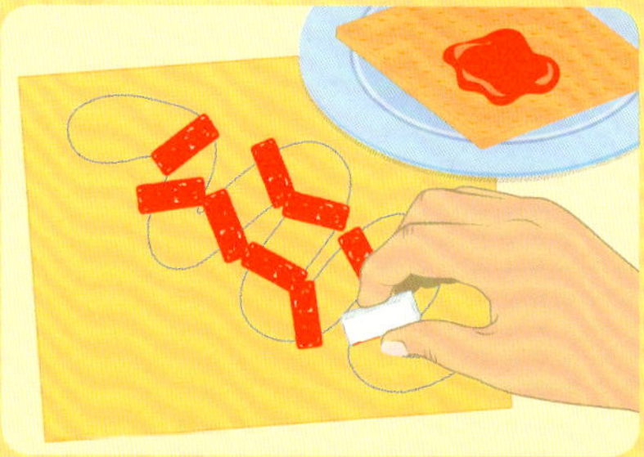

2．用橡皮的侧面蘸颜料，给蛇身印出条纹。重复这一步，印出更多条纹。

3．换一块薄橡皮，印一些细条纹。印好后剪下来，再画上鼻孔和眼睛。

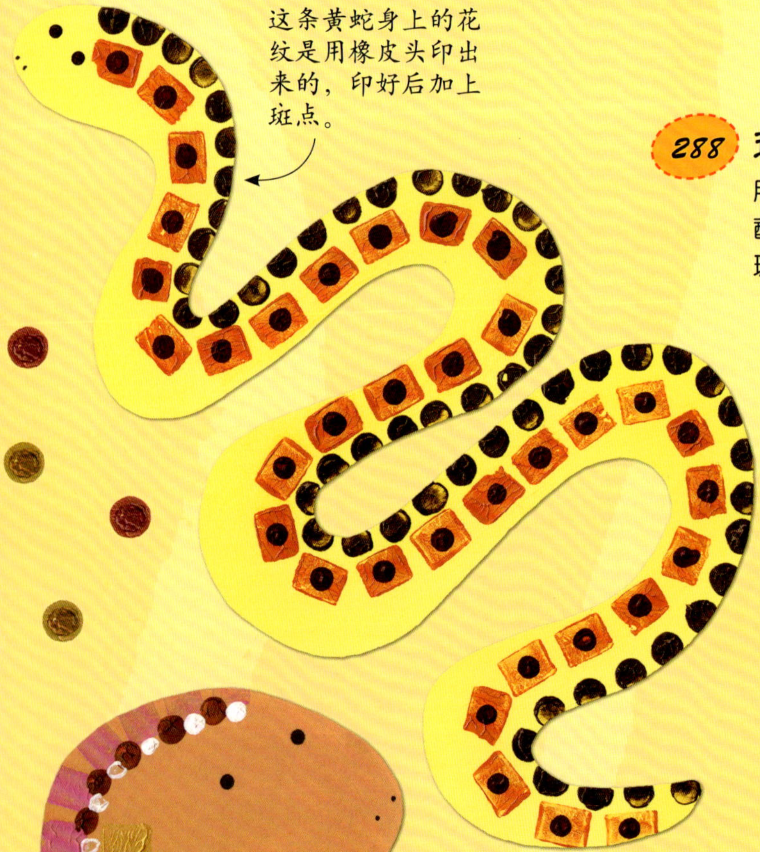

这条黄蛇身上的花纹是用橡皮头印出来的，印好后加上斑点。

288 斑点蛇

用铅笔上的橡皮头蘸颜料，印出各种斑点。

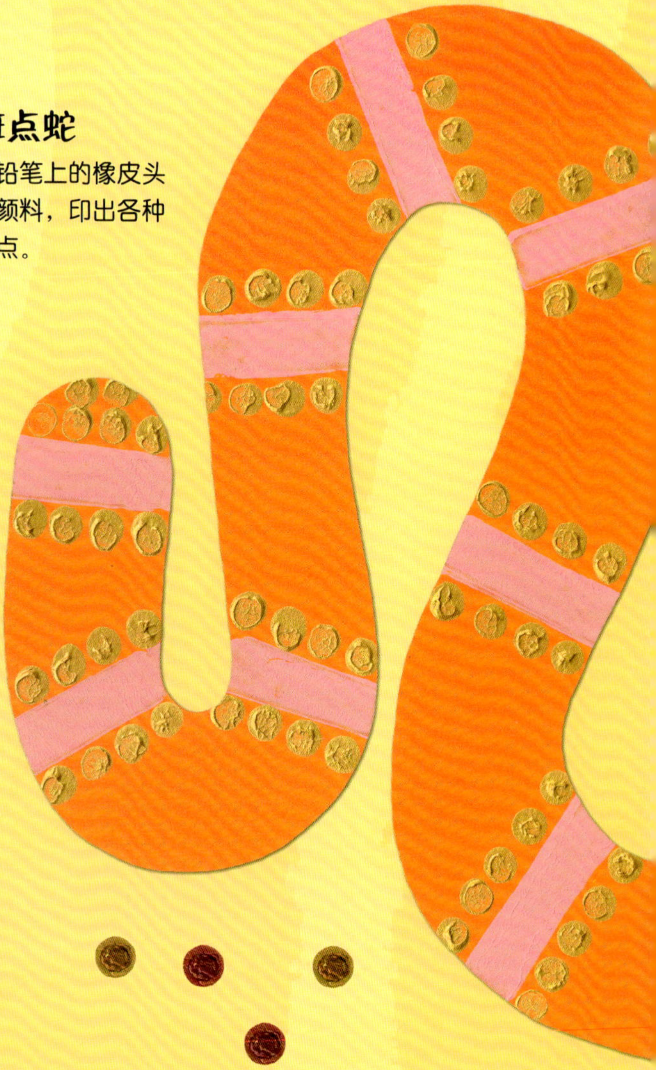

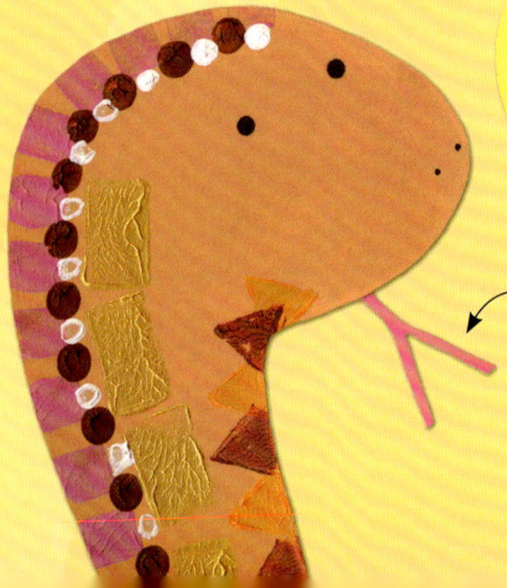

用彩纸剪出蛇的舌头，粘在蛇头下面。

289 盘起来的蛇

这是一条盘起来的蛇，蛇身卷成一团。用橡皮量出正确的宽度，再印上花纹。

290 壁虎

动手做一张带图案的彩纸，然后剪成一只壁虎。注意，要等颜料变干才能用橡皮印花纹哦。

用白色颜料画出壁虎的眼睛，用黑色水笔点出眼球。

报纸鱼

291 画出背景

1. 准备一张长方形的大纸，在顶部画出波浪线。也可以在漂亮的包装纸上画。

2. 把整张纸轻轻揉成团，再轻轻打开。抚平褶皱，粘在另一张蓝色的大纸上。

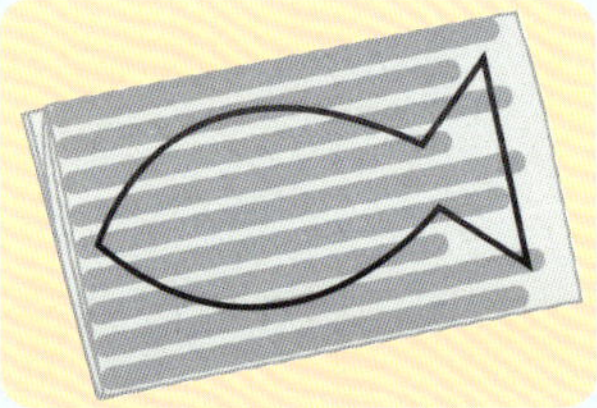

3. 剪一条旧报纸，不断折叠，直到折成一个小长方形。折好后，在上面画一条小鱼。

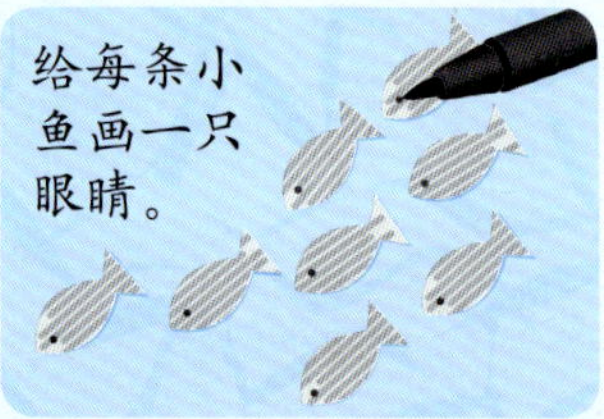

4. 捏紧报纸，剪下小鱼。把这些报纸小鱼全都粘在海浪下，面朝一个方向。

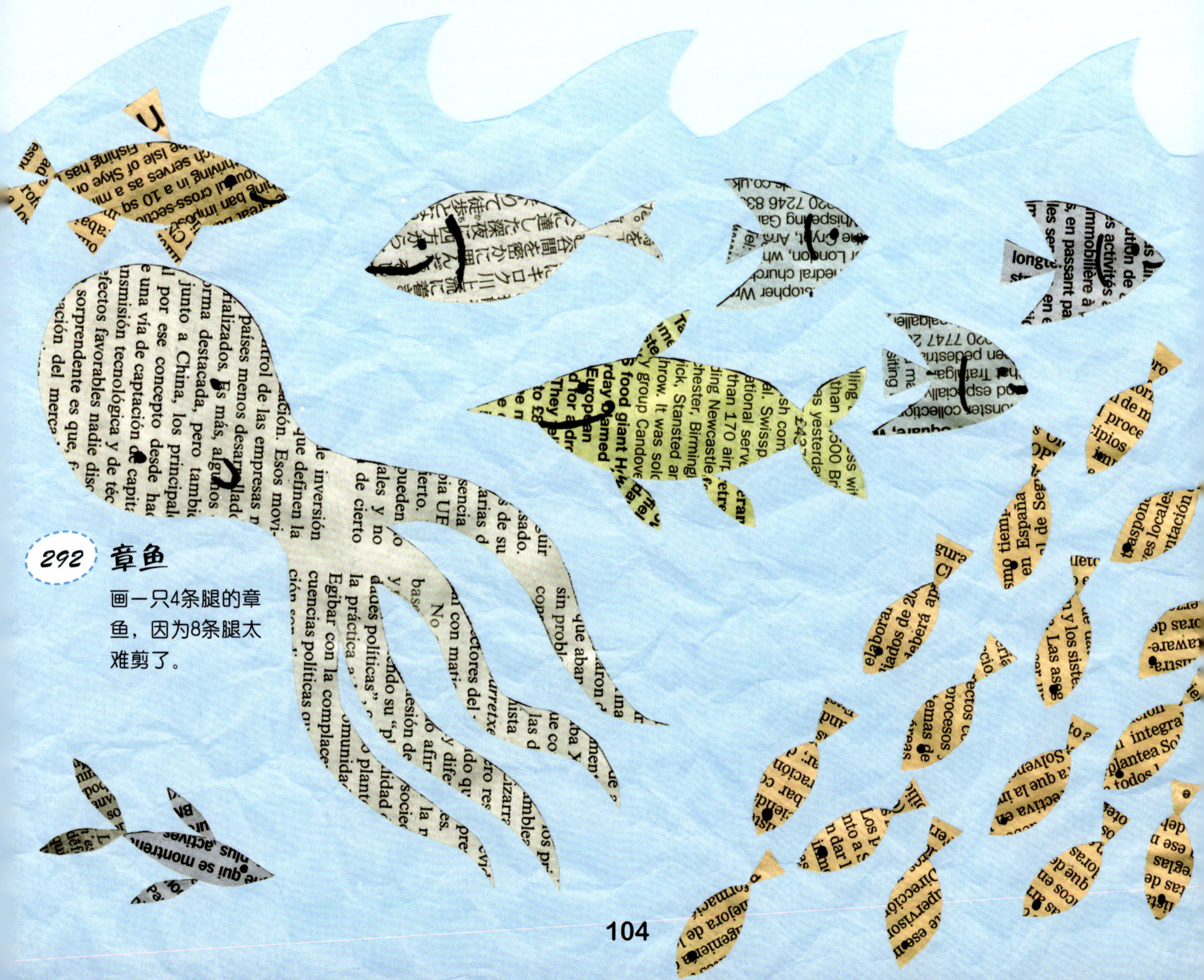

292 章鱼

画一只4条腿的章鱼，因为8条腿太难剪了。

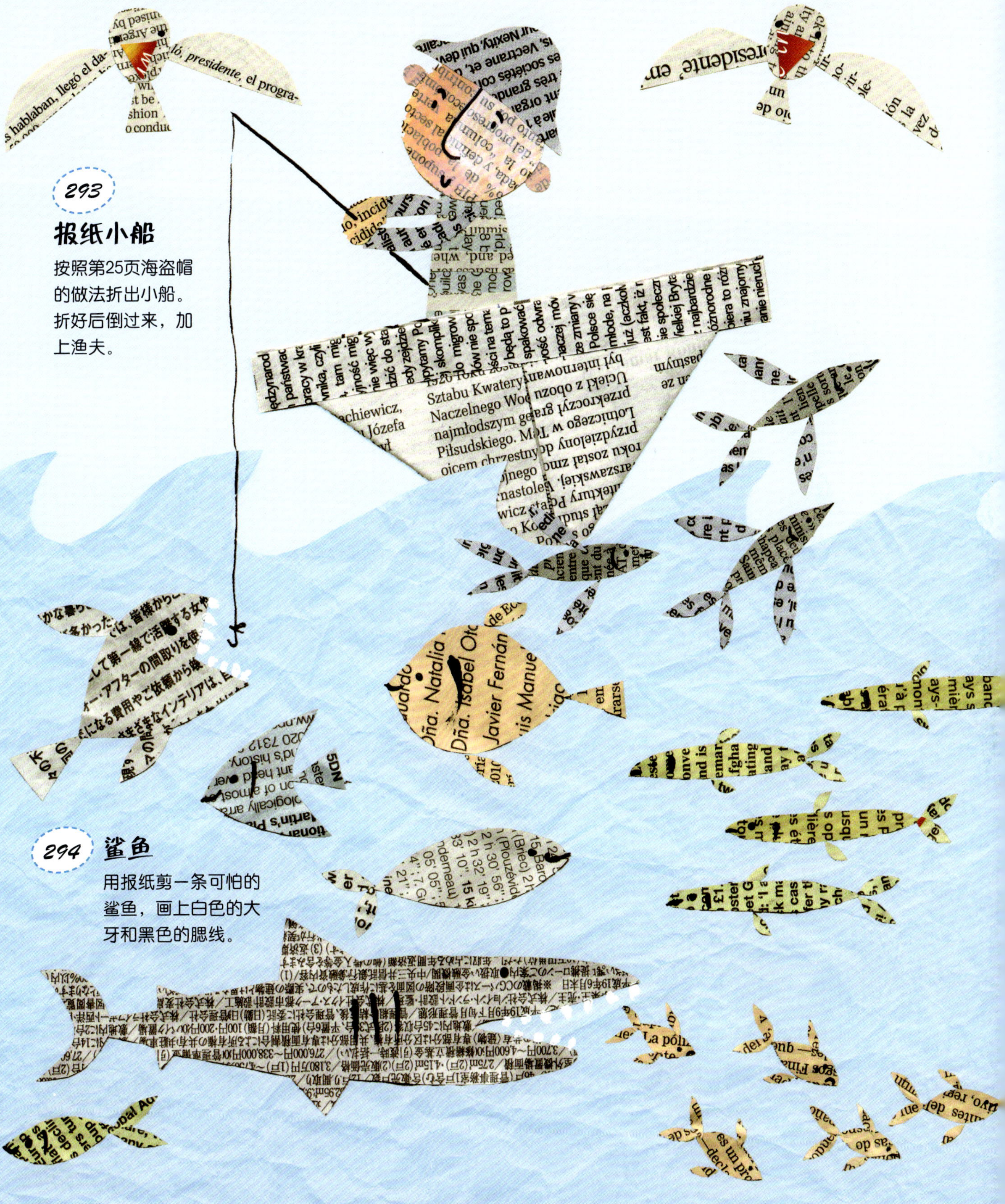

293

报纸小船

按照第25页海盗帽的做法折出小船。折好后倒过来，加上渔夫。

294

鲨鱼

用报纸剪一条可怕的鲨鱼，画上白色的大牙和黑色的腮线。

情人节卡片

295 亮彩绚丽卡

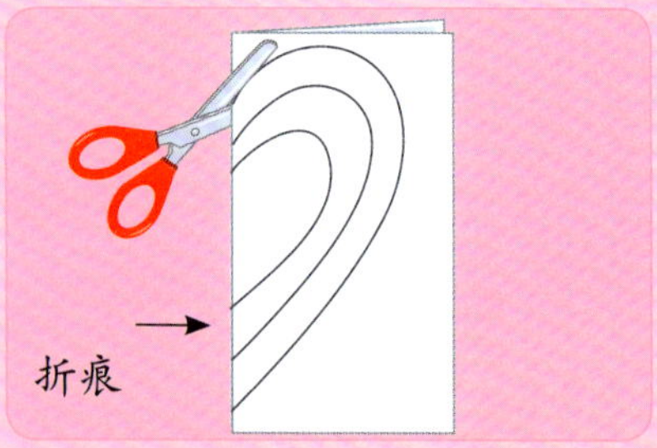

1. 把一张卡纸对折，沿折痕画出半个心形。向内再画两次同样的图案，依次变小。画好后剪下所有的图案。

2. 把最大和最小的两颗桃心挑出来，放在报纸上。涂好胶水，再撒上闪彩亮片。晾干以后，粘在卡片上。

把小桃心粘在大桃心的中间。

296 可爱拼纸卡

1. 从旧杂志上剪下各种红色和粉色的纸片，用胶水粘在白色卡纸上。小心不要留出空隙哦。

2. 把卡纸翻过来，画3颗桃心，画好后剪下来。把3颗桃心分别粘在粉色或红色的纸上，然后再画个大一点的桃心。

3. 剪3张漂亮的长方形卡纸，粘在贺卡正面。把3颗桃心剪下来，涂上胶水，分别粘在长方形卡纸的中间。

297 条纹艺术卡

1. 在一张白色卡纸上画出宽窄不一的彩色条纹，想怎么画就怎么画。等颜料变干后，用红色水笔画一些小桃心。用黑色水笔描出桃心，然后再画些线条。

在条纹上多画点桃心。

2. 用铅笔在条纹纸上画一颗大大的桃心和两颗小桃心。把一张长方形卡纸对折，把桃心剪下来粘在正面。

298

桃心礼品签

闪闪发光的桃心礼品签。

在贺卡中间粘一个大大的桃心。

城市风光

看，多漂亮的城市。你可以按照书上的样子画，也可以按照自己的想法画。对了，画中的窗户是用各种各样的方法画出来的，你发现了几种？

299

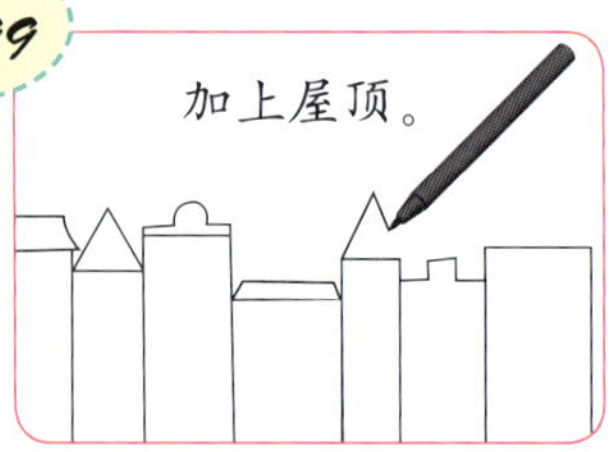

1. 在画纸底部画出大小不同的长方形，排成一排。这些是房子。

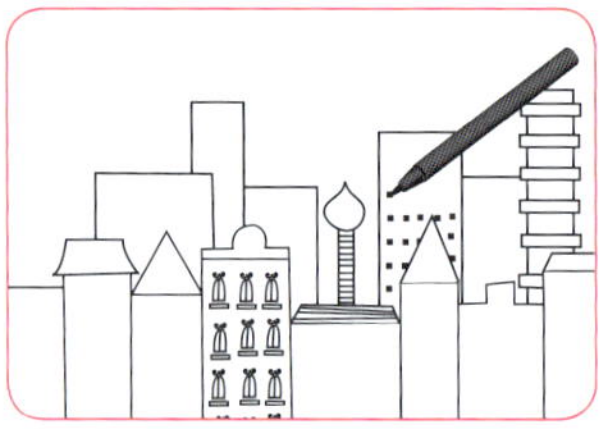

2. 在第一排房子“后面”再画一排（如图），加上房檐、窗户和砖墙。

301

圆顶

画一个半圆形屋顶，在屋顶上画出线条，然后给屋顶加一个小塔楼。

302

钟楼

画一座又高又尖的塔楼，在正面画一座大钟。

303

印出来的窗户

用橡皮侧面蘸颜料，印出窗户（方法见第102页）。

300

城市大桥

先画桥面，再画桥洞，最后画出砖墙。

304 **彩纸窗**

用旧杂志剪出五颜六色的纸窗，粘在大楼上。

305 **飞机**

在城市上空画一架飞机，大楼看起来更高了。

307 **阳台**

阳台上有栏杆，要画很多短线。

306 **摩天塔**

在大楼间画一座高高的塔。

这些大大的彩色玻璃窗也是用旧杂志剪成的。

308 **交通**

画出在城市中排队行驶的汽车。

毛茸茸的脸

309 小猫咪

1. 把瓶盖放在毡布上，用细水笔描出圆形。拿掉瓶盖，画两只尖耳朵，画好后剪下来。

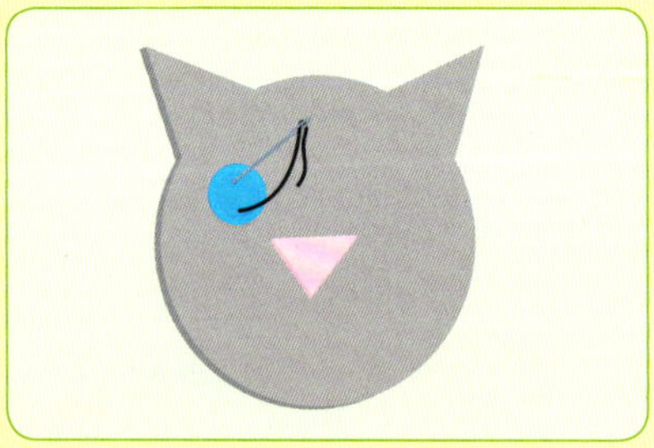

2. 把剪好的毡布翻过来，在中间粘一个小毡布鼻子。从毡布背后向上穿针，穿过一个扣眼。把线拉出来，再把针从另一个扣眼穿回去。

3. 把线拉紧，用同样的方法缝第二颗纽扣。缝好后，给小猫缝上胡子和嘴（方法见第51页）。

310 纽扣鼻子

这只小狗的鼻子是一颗黑色的纽扣。

青蛙的眼睛要靠上一些，缝在头顶。

这只小兔有两只长长的耳朵。

311 趣味怪脸

用深色水笔给小妖怪画上斑点和犄角。

机器人的脸真方啊！

长着黑眼圈的熊猫。

312

做成胸针

在做好的毡布小猴背面缝一个别针，做成胸针。

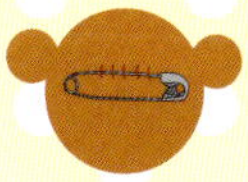

淘气的小猴子。

毡布骷髅头。

314

做出鬃毛

分别剪出狮子的脸和鬃毛。

313

缝出羽毛

做一只毡布猫头鹰，缝上眼睛，然后在肚子上缝一些短线做羽毛。

315

做成贺卡

把毡布动物粘在卡片正面，做成生日贺卡。

316

礼品签

按第59页的方法做出礼品签，把毡布动物粘在正面。

蜡笔魔术画

先用蜡笔画出一些线条，再把水彩颜料涂在上面。咦？蜡笔线条更明显了！快快动手，画出神奇的蜡笔画吧。

317 鳄鱼

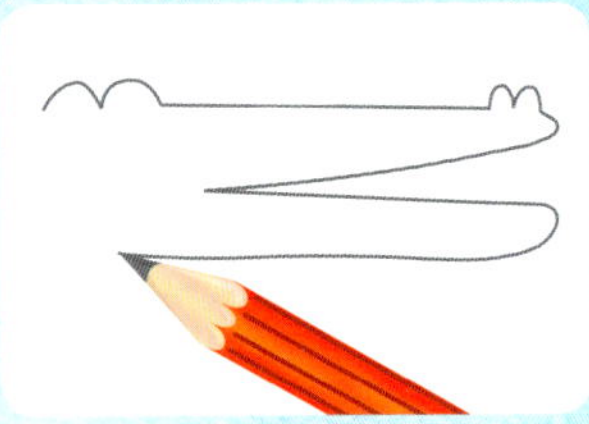

1. 画两个并排的半圆，这是鳄鱼的眼睛。画一个又长又大的嘴巴，在顶端再画两个半圆，这是鳄鱼的鼻孔。

2. 画出鳄鱼的身体和长尾巴，在背部画出疙瘩。加上腿和肚皮，再加上眼睛和锋利的牙齿。

3. 用白色蜡笔在鳄鱼的身上和肚皮上画线，越用力越好。

4. 用绿色水彩颜料给鳄鱼涂颜色。瞧，白色的蜡笔线露出来了。

318 蜥蜴

画一只蜥蜴，用白色蜡笔用力在身上画出花纹，然后用水彩涂上颜色。

320 恐龙

画一只大大的恐龙，用白色蜡笔在恐龙的身上和尾巴上画出花纹。

319 蛇

画一条弯弯曲曲的蛇。用白色蜡笔在蛇身上画出波浪形花纹，然后用水彩涂上颜色。

呜咪，喵

321 简单的小猫

用彩色铅笔画出小猫的头、耳朵和身体，涂上颜色。给小猫加上腿和尾巴，在脸上画斑纹。用一根细细的黑色水笔画出表情和爪子，最后在身上画条纹。

322 涂抹小猫

按照第47页画小狗的方法，用卡纸蘸颜料，涂出可爱的小猫。注意，小猫的头是圆圆的，所以要用手指印来画哦。上面这4只小猫是用同一块纸板印出来的，你也试试看吧！

323 拼贴小猫

这些小猫是用彩纸拼成的。先剪出身体，再剪出头，然后剪腿、耳朵和尾巴。剪好后粘起来，画上眼睛、鼻子和嘴巴。

324 水彩小猫

先用水彩笔画一只小猫，加上条纹。然后用水彩画刷蘸上清水，在小猫身上轻轻涂抹。瞧，线条慢慢溶开了。等颜料变干后，画出小猫的脸和胡须。

325 猫和老鼠

用彩色铅笔画一幅猫追老鼠的画吧！

327 坐着的小猫

小猫坐下的时候，两条腿摆在身前，两条腿弯在身体旁边。画好后，再画一条又长又卷的尾巴。

哇，黄色的眼睛、黑色的瞳孔，好吓人哦。

328 呼噜呼噜

小猫睡着啦，眼睛闭上啦！

329 我爱干净

这只小猫正吐出舌头舔爪子呢。

326 毛球猫

用铅笔轻轻画出小猫，再画上许多许多毛毛。

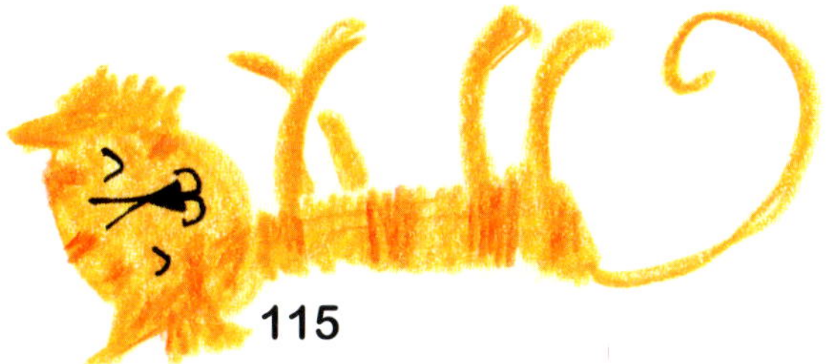

勺子脑袋

吃完快餐，一次性的木头勺子和叉子怎么办？千万别丢掉，一起来做好玩的木头小人吧！

330 勺子牛仔

1．在勺子的最上面画出头发，然后画眼睛、鼻子和嘴巴。画好后，用粉色铅笔画出脸蛋。

2．剪一块三角形的布，围在“脖子”上粘好。再剪一顶纸帽子，粘在头顶上。

332 勺子狗狗

把勺子翻过来，凸面向上。粘一片布耳朵——汪汪！

333 勺子狮子

把绳子或毛线剪短，围着勺子粘一圈，做成狮子的鬃毛。

331 木片海盗

吃完雪糕后，把雪糕棍儿洗干净。做一顶海盗帽，再做件条纹衫。

在魔法师的帽子和斗篷上粘满闪闪发光的星星。

给木片姑娘戴一朵小花。

叉子妖怪的眼睛是从杂志上剪下来的。

334 叉子妖怪

把叉子涂满颜料，晾干。粘上眼睛、鼻子和血盆大口。在叉子柄上绕线，粘牢。

如果没有木头叉子，也可以用油性笔画在塑料叉子上。

用毛球或毛线粘出稀奇古怪的发型吧！

335 爆炸头

把毛球或毛线剪短、扯开，粘在木棍儿背后。粘好后，给小人画上表情。

336 大耳朵

把双头叉的叉头做成各种动物的耳朵——喵！汪！呼噜！

用彩笔画上条纹和斑点。

粘上纸领带。

海滩聚会

337 海鸥

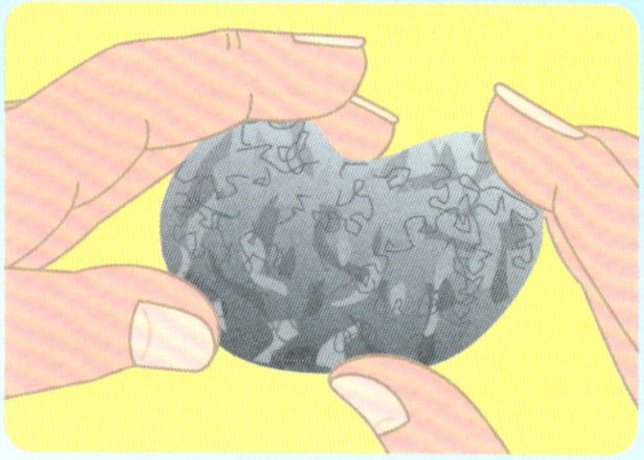

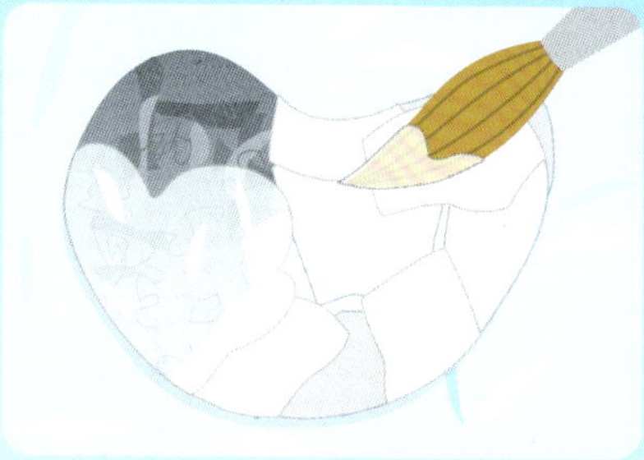

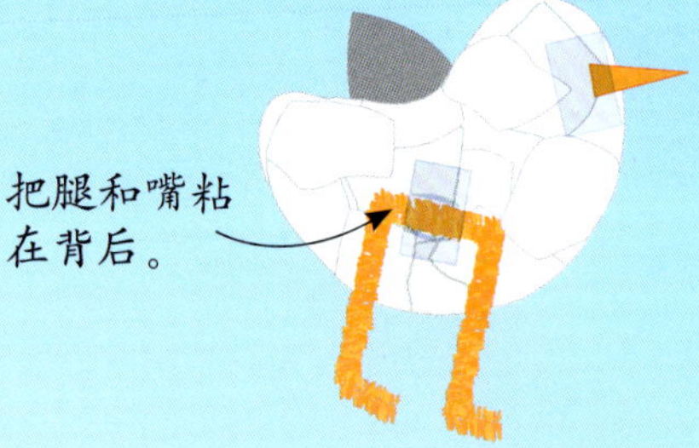

1．先做海鸥的身体。剪一大块锡箔纸（像这本书一样大就行），团成一团，慢慢捏成蚕豆的形状。按平褶皱，外表越光滑越好。

2．把做好的海鸥身体放在一张保鲜膜上，用白色乳胶把碎绵纸条粘在海鸥的身体上，粘满后晾干。

3．用纸剪一对翅膀，在翅膀尖画出黑色的羽毛，画好后粘在身体上。把定形绒线剪短，折成腿的形状，再用纸剪出海鸥的嘴，用胶带粘在身体上。

339 海星

把锡纸团仔细地捏成五角星，然后用彩色绵纸条粘好。瞧，多漂亮的海星！

338 一闪一闪亮晶晶

先用纸板剪出贝壳，然后把锡纸卷成香肠的形状，并排粘在贝壳上。用彩色绵纸条粘好贝壳，再撒上闪彩亮片。

340

飞翔的海鸥

想让海鸥飞起来吗？给他粘上翅膀和绳子，粘好后挂起来。

341

螃蟹

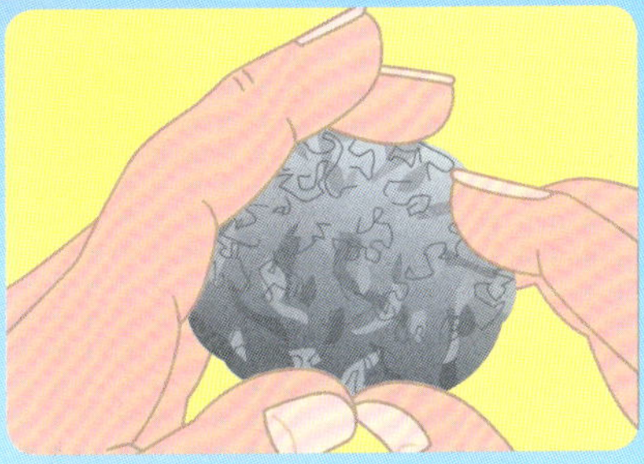

1. 剪一大块锡箔纸（像这本书一样大就行），团成一团，慢慢捏成椭圆形。这是螃蟹的身体。

2. 把做好的螃蟹身体放在一张保鲜膜上，用白色乳胶把碎绵纸条粘在螃蟹的身体上，粘满后晾干。

3. 把一张卡纸对折，在其中一面画出4条腿，一头方，一头尖。捏紧卡纸，不要展开，把4条腿剪下来，变成8条腿。

4. 剪出两只大钳子，和8条腿一起粘在螃蟹身上。再剪两条彩纸，一头粘在螃蟹脸上，一头粘上小圆纸片。最后，用彩笔画上眼睛和嘴巴。

浮雕卡片

342 用硬币做浮雕

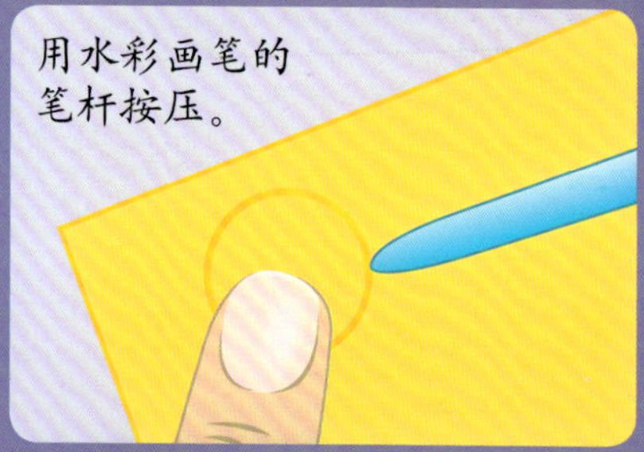

把彩纸盖在一枚硬币上，沿着硬币边缘按压，压出漂亮完整的浮雕。

343 用硬纸板做浮雕

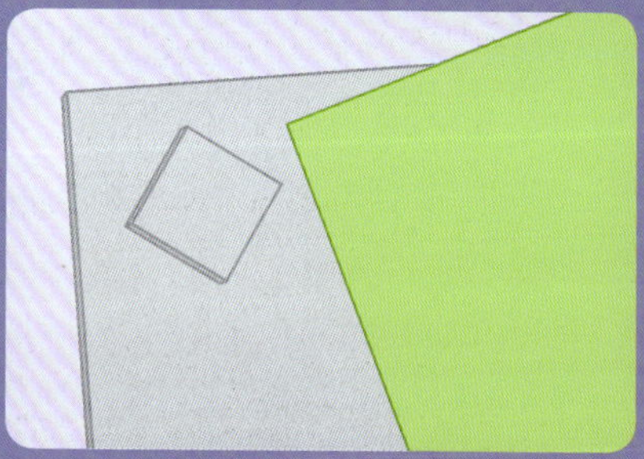

用硬纸板剪出想要的形状，粘在一张纸上。然后用上面的方法做出浮雕。

344 波浪形浮雕

把硬纸板剪成波浪形，把彩纸盖在上面，轻轻压出浮雕。移动彩纸对齐花纹，就能做出更长的波浪线。

擦擦擦

345 擦来擦去

准备一张纸，盖在擦丝器上。把白色蜡笔横过来，在纸上擦出花纹。

把纸放在桌子上，用水彩上色。瞧，立体的蜡笔花纹露出来了。

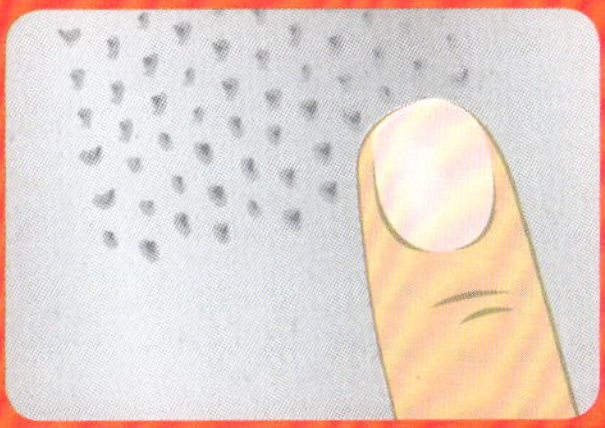

剪一张锡纸，盖在有凸起的东西上（比如擦丝器），用手指轻轻按压，就能压出图案啦！

想要圆形的图案？没问题！把运动鞋翻过来，找出鞋底圆形的花纹，用纸印下来。

346 宇航照片

这张画是用擦擦纸贴出来的，很棒吧！

游来游去的手掌画

哇，热带鱼、大螃蟹、小章鱼……这些都是用手掌印出来的，快来一起玩吧！

347 热带鱼

不要印出拇指印哦。

在手掌和手指上涂满颜料，印在准备好的纸上。然后用手指画出条纹，再加上嘴巴和眼睛。

348 鱼群游啊游

把手掌小鱼印成一排，让它们朝着同样的方向游泳。

349 螃蟹

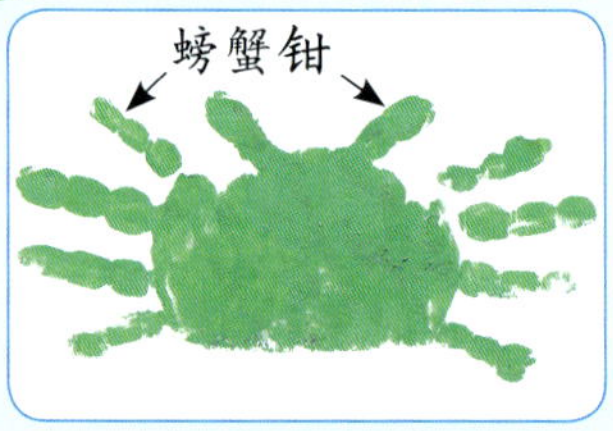

1. 把两只手都涂满颜料，印出螃蟹的身体。注意，两个手印中间要重叠一下哦。用拇指印出螃蟹钳。

2. 用指尖印出眼睛和斑点。用水彩笔画出钳子，再画出腿上的花纹。

350 水母

1. 印一个手掌印，拇指也要印哦。印好后，用手指印出更多触须。

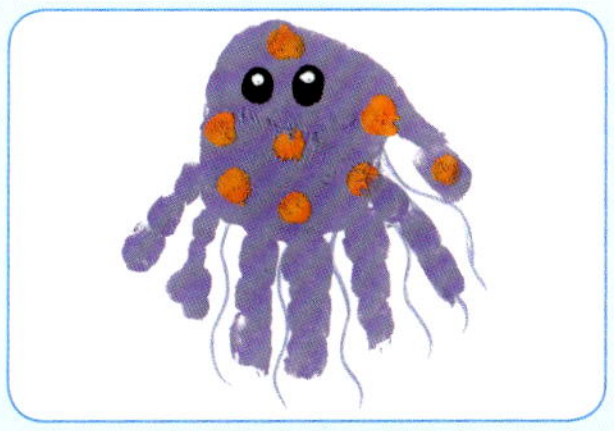

2. 用指尖印出眼睛和斑点，用笔在眼睛里点出白点，再画几条波浪线。

给水母画出微笑的表情，这下可爱多啦！

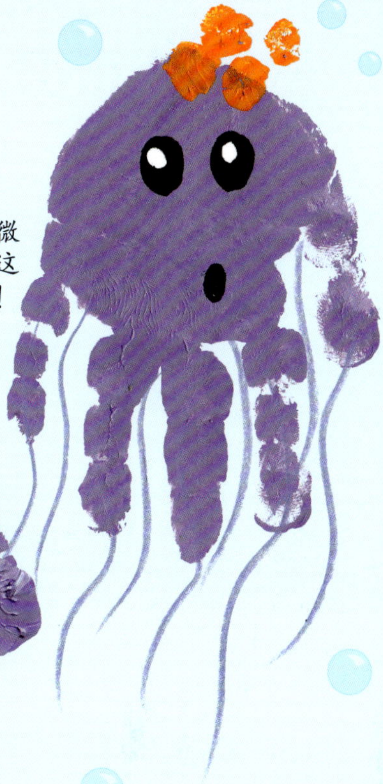

把手掌印在一起，做成一丛丛海草。用两种深浅不同的绿色画更漂亮哦！

软乎乎的画

351 树枝上的猫头鹰

1．剪一块海绵，再剪一块同样大小的硬纸板，粘在一起。画出猫头鹰的身体，画好后剪下来。

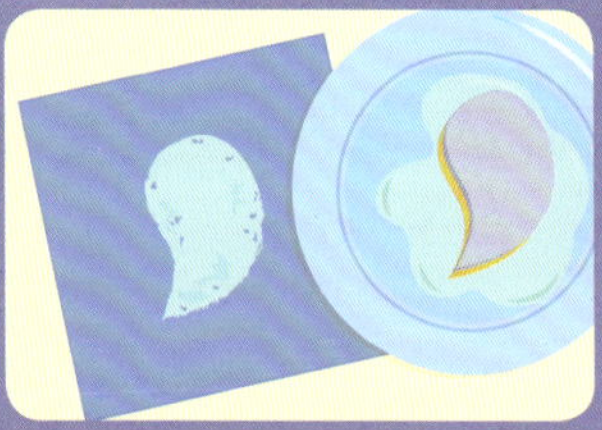

2．在盘子里挤一些颜料。用海绵蘸满颜料，印在一张深色的彩纸上。

3．颜料变干后，用白色颜料画出圆圆的眼眶。再画一根长长的树枝，穿过画纸，让猫头鹰站在上面。

4．颜料变干后，用水彩笔点出眼睛，画出鸟嘴，再加上小爪子。

352 小刺猬

印一只小刺猬，在尖尖的一头画出鼻子，然后在身上画尖刺。

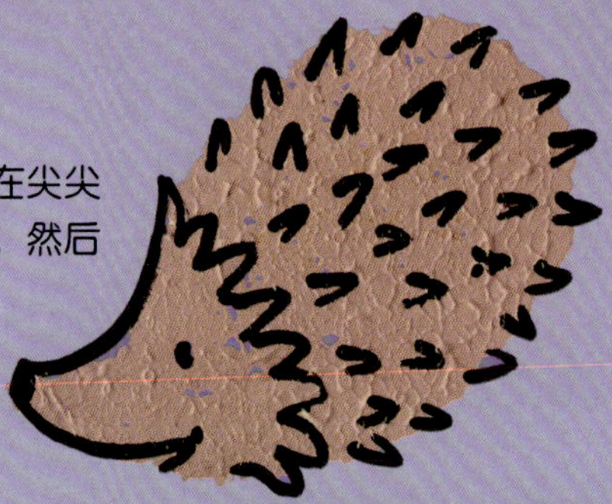

用“猫头鹰海绵”还可以做出小刺猬呢!

先画树枝，再用指尖蘸颜料，印出花朵。

353 小鸟

按照上一页的方法，剪一块半圆形海绵，印出小鸟的身体。印好后，给小鸟画上尖嘴、尾巴、翅膀、爪子和眼睛。

354 母鸡

用指尖在母鸡的头顶和下巴上印出红点。

纸版画

355 骷髅纸模

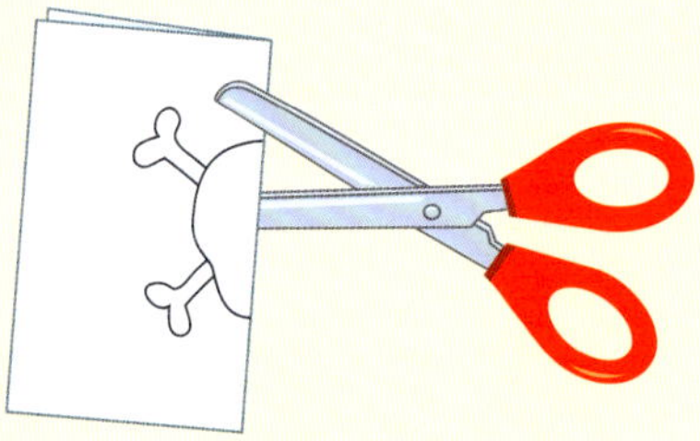

1. 把一小张纸对折，沿折痕画出半个骷髅和两根骨头，画好后剪下来。

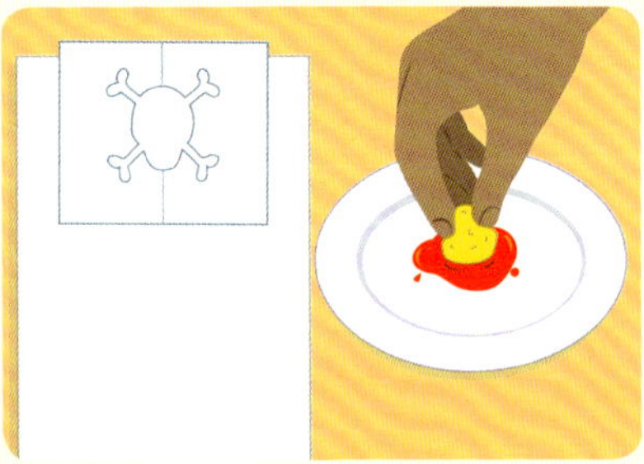

2. 剪掉的骷髅不要，把其余的部分展开，纸模就做好了。把纸膜平放在一张纸上。然后在盘子里挤一些颜料。准备一块海绵，蘸上颜料。

3. 用海绵把颜料涂在纸模上，中间的洞一定要涂满哦。涂好后拿掉纸模，晾干颜料。最后，用水彩笔画出眼镜、鼻子和牙床。

356 贝壳纸模

在折好的纸上画半个贝壳，画好后剪下来。

在礼品纸上印出成排的贝壳图案。

在纸边印出一排骷髅，做成海盗信纸。

357 小鱼纸模

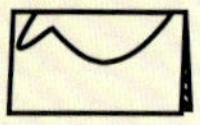

在折好的纸上画半条小鱼，画好后剪下来。

358 星星纸模

在折好的纸上画半颗星星，画好后剪下来。

纸彩带，编起来

按照下一页的方法，用纸彩带编出各种各样漂亮的图案吧！除了书上已有的例子，你还有什么好主意呢？

359 **简单的图案**

把两种颜色的纸彩带交叉，就能编出上面的图案了。

用相近颜色的纸彩带编出的图案。

360 **波浪形图案**

按照下一页的方法，可以编出波浪形图案。

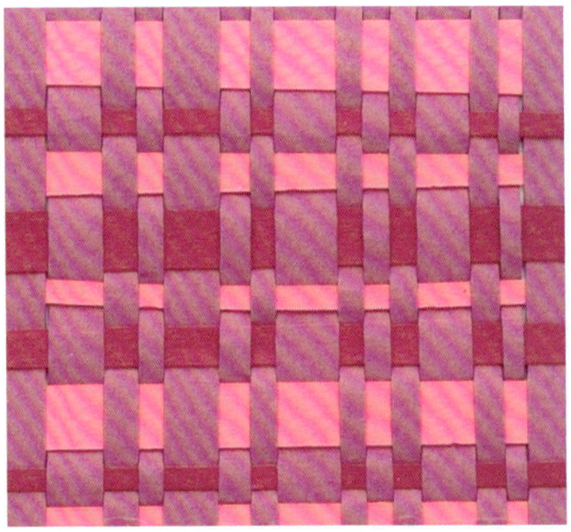

361 **长方形图案**

两条在上，一条在下，就能编出长方形图案。

用不规则的纸彩带编出的图案。

362 **大小不一的图案**

用宽窄两种纸彩带编出大小不一的图案。

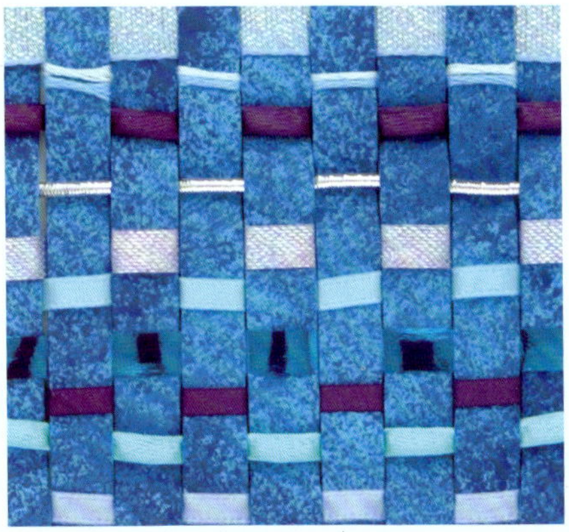

363 **废物利用的图案**

用旧报纸、牛皮纸和用过的礼品包装纸，也能编出漂亮的图案。

用彩纸、丝带和毛线编出的图案。

364 **亮闪闪的图案**

在编好的图案上粘一些小珠子，就像上面这样。

编图案的方法

1. 准备一张长方形彩纸，用尺子对齐短边，画一条横线。从另一边向横线剪开，把彩纸剪成条状，但小心不要剪断。

2. 用各种颜色的彩纸剪出纸彩带，可以一样宽，也可以不一样宽。注意，这些纸彩带要比长方形彩纸的短边长哦！

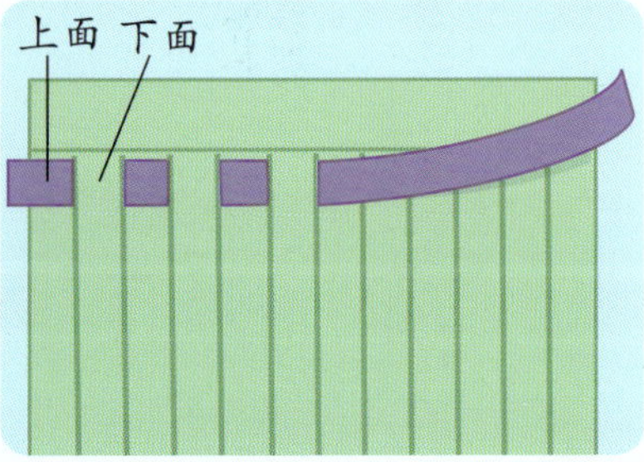

3. 把一根纸彩带从彩纸条中穿过，先压在第一条纸上面，再从第二条纸下面穿过去。全部穿好后，把纸彩带向上推，挨着横线。

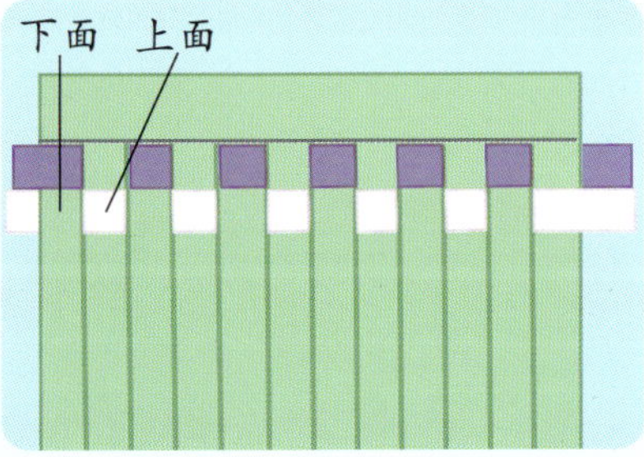

4. 现在穿第二根纸彩带。和第一根相反，先从第一条纸下面穿过去，再压在第二条纸上面。穿好后向上推，挨着第一条纸彩带。

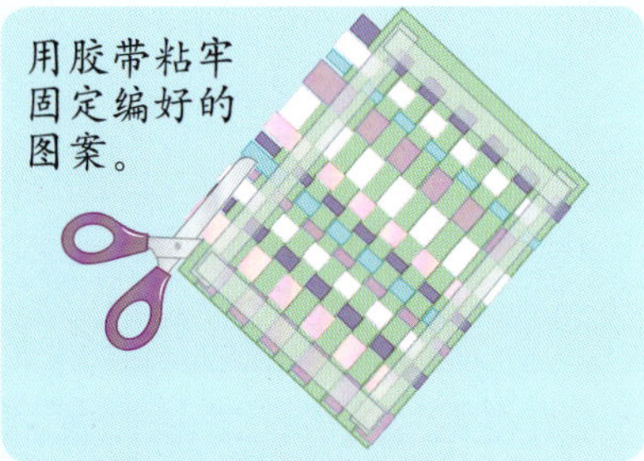

5. 按照第三步和第四步的方法，穿好其余的纸彩带。完成后把彩纸翻过来，在四边粘上胶带。剪掉多余的纸彩带，再剪掉彩纸横线以上的部分。

波浪形图案

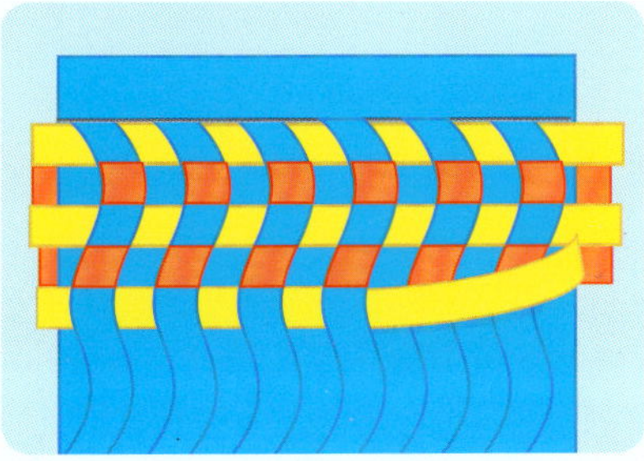

在彩纸短边旁画出横线后，在横线和对边的中间画出整齐的波浪线。画好后沿线剪开，再把纸彩带编好。

365

不同的形状

在编好的图案背后粘满胶条，然后剪成不同的形状。瞧，有星星、桃心、太阳花……

一年过完啦

366 新年青蛙

用拇指印出青蛙的身体，用其他手指印出青蛙的头。颜料变干后，用黑颜色的笔画出眼睛、嘴巴和腿。

艺术、科学、益智系列图书

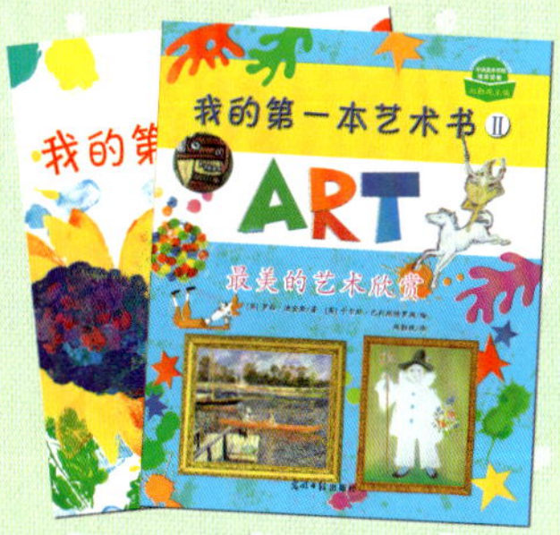

《我的第一本艺术书》
（全2本）

《365个艺术创意》
（全3本）

《我的第一本艺术游戏书》
（全2本）

《让孩子痴迷的纸飞机》
（全2本）

《让孩子痴迷系列》
（实验、科学、艺术）

《让孩子痴迷的创意思维游戏》
（全2本）